和数学家一起学数学

代数与计算入门

朱梅俊　著

$a^m \times a^n = a^{m+n}$

$(a^m)^n = a^{mn}$

中国科学技术大学出版社

内 容 简 介

本书用代数的视角,从自然数十进制的计数开始介绍最基本的两种运算(加法、乘法)及其基本法则.利用这两种运算的逆运算以及指数运算及其逆运算,用较短的篇幅系统地介绍由自然数到实数,再到复数的扩张,以及相关的数和多项式的代数运算.书中尤其阐述了十进制数的代数运算与多项式代数运算的高度统一.

本书适合小学高年级、中学生及其家长阅读,也可作为中学数学教师的参考书.

图书在版编目(CIP)数据

代数与计算入门/朱梅俊著.—合肥:中国科学技术大学出版社,2022.7(2024.7重印)
(和数学家一起学数学)
ISBN 978-7-312-05449-5

Ⅰ.代… Ⅱ.朱… Ⅲ.代数课—中学—教学参考资料 Ⅳ.G634.623

中国版本图书馆 CIP 数据核字(2022)第 096544 号

代数与计算入门

DAISHU YU JISUAN RUMEN

出版	中国科学技术大学出版社
	安徽省合肥市金寨路96号,230026
	http://www.press.ustc.edu.cn
	https://zgkxjsdxcbs.tmall.com
印刷	安徽国文彩印有限公司
发行	中国科学技术大学出版社
开本	710 mm×1000 mm 1/16
印张	7.75
字数	98千
版次	2022年7月第1版
印次	2024年7月第3次印刷
定价	32.00元

序

  这本书的目的在于帮助孩子们完成基本的代数训练. 孩子们一旦掌握了基本的代数概念和运算技巧, 以后学习几何、三角函数、微积分, 乃至其他数学知识的时候就会轻松得多. 最终, 他们中的大多数将会顺利地、及时地完成大学教育. 从这方面来说, 这本书对每一个孩子及他们的家庭都很重要.

  如果你是一位准备参加美国大学理事会(College Board)考试的高中生, 抑或你是一位即将上大学、准备正式学习微积分的同学, 这本书也可以作为你复习初等代数的参考. 如果时间不允许, 那么你可以跳过每章的深度阅读部分.

  本书主要是写给那些要开始学习代数的孩子们及其家长. 作者认为: 对于任何熟悉 9×9 乘法表的学生及其家长, 这本书都是适用的.

  这本书又不只是写给孩子的, 更是写给家长的. 很多家长在孩子上小学、初中乃至高中时除了偶尔陪写作业外, 并不真正熟悉数学教材. 尽管家长中的很多人都有大学本科(及以上)学历, 有些人从事相关工作, 也有些人每天都在用数学(尽管自己没有意识到), 但他们都有一个共同的难题——不知道从哪里或怎么帮他们的孩子来系统完善地学习数学.

  本书的特点就是用较短的篇幅从基本的计数开始一

直讲到代数多项式及指数；力求循序渐进，同时也保持一定的系统性，让大家完整地学习基本代数知识，而不会觉得过于零碎．

想要学好代数，普遍的认识是：孩子们可能会遇到以下两大障碍：① 如何计算含有分数的式子；② 如何计算代数式(或者说如何进行符号计算)．作者在本书中不遗余力地想要帮助孩子们克服这两大障碍．希望家长的鼓励和帮助以及书中的解释、阅读、练习，能帮助孩子不被初学代数时的这几块绊脚石给拦住．

在你(尤其是你的孩子)开始读这本书时，作者希望孩子：① 不掰手指都能做运算；② 熟记 9×9 乘法表；③ 不用计算器．

虽然作者坚信初一乃至小学四五年级的孩子都能学懂本书除去第 16 章、第 17 章以外其他所有的内容，但下面还是列出书中的内容及所对应的学生年龄：

第 1 章(如何数数：十进制计数法) 适合所有 9 岁及 9 岁以上的学生及其家长．

第 2 章(运算) 适合所有 9 岁及 9 岁以上的学生及其家长．

第 3 章(相反数和倒数) 适合所有 10 岁及 10 岁以上的学生及其家长．

第 4 章(分数加法) 适合所有 10 岁及 10 岁以上的学生及其家长．

第 5 章(因子和因子分解) 适合所有 11 岁及 11 岁以上的学生及其家长．

第 6 章(第 1～5 章总结) 适合所有小学生及即将进入中学的学生及其家长．

第 7 章(指数和代数式) 适合所有 12 岁及 12 岁以上的中学生及其家长．

第 8 章(方程的等价性和解方程) 适合所有 12 岁及 12 岁以上的中学生及其家长．

第 9 章(形式解和公式) 适合所有 12 岁及 12 岁以上的中学生及其家长．

第 10 章（多项式和代数运算） 适合所有 12 岁及 12 岁以上的中学生及其家长.

第 11 章（根式） 适合所有 13 岁及 13 岁以上的中学生及其家长.

第 12 章（代数运算和因式分解） 适合所有 13 岁及 13 岁以上的中学生及其家长.

第 13 章（次序、距离和绝对值） 适合所有 13 岁及 13 岁以上的中学生及其家长.

第 14 章（二次和高次方程） 适合所有 14 岁及 14 岁以上的中学生及其家长.

第 15 章（函数的几何性质） 适合所有 14 岁及 14 岁以上的中学生及其家长.

第 16 章（逆函数） 适合所有 15 岁及 15 岁以上的初中、高中学生及其家长.

第 17 章（复数简介） 适合所有 15 岁及 15 岁以上的初中、高中学生及其家长.

从第 15 章开始，我们会介绍一些函数的性质，可能有很多概念和名词在本书正文中没有介绍. 不过，我们把一些常用的概念放入附录 A 中. 在附录 B 中我们收录了《石中剑》(*The Sword in the Stone*) 中一个既文艺又有哲理，而且同数学很有关系的一首歌词.

本书是 *Introductory Algebra* 英文版的编译版，姜溢霖帮助编译到第 4 章. 本书也将是作者在国内外讲课的主要参考书. 在本书试用阶段有如下朋友帮助改错：朱宥嘉、张岩松、张智然、杨文慧、史毅、张宸、赵易明、吴鸿睿. 在此对以上朋友表示深切的谢意.

目 录

序 ·· (ⅰ)

绪论 ·· (001)

第1章 如何数数：十进制计数法 ······················ (003)
 1.1 整数计数 ·· (003)
 1.2 小数计数 ·· (004)
 1.3 深度阅读：十进制和二进制 ······················ (005)
 习题1 ·· (006)

第2章 运算 ·· (008)
 2.1 加法和乘法 ··· (008)
 2.2 运算规律：数字王国里的"宪法" ··············· (009)
 2.3 深度阅读：竖式——让计算更简单 ············ (012)
 习题2 ·· (014)

第3章 相反数和倒数 ···································· (016)
 3.1 相反数与减法 ·· (016)
 3.2 倒数与除法 ··· (018)
 3.3 深度阅读：长除法 ··································· (021)
 习题3 ·· (022)

第 4 章　分数加法 ········· (024)
4.1　异分母分数相加 ········· (024)
4.2　分数转换成小数 ········· (026)
4.3　深度阅读：带有负数或分数的运算 ····· (027)
习题 4 ········· (029)

第 5 章　因子和因子分解 ········· (031)
5.1　因子 ········· (031)
5.2　因子分解 ········· (033)
5.3　科学记数及百分数 ········· (034)
5.4　深度阅读：素数及算术基本定理 ········ (035)
习题 5 ········· (036)

第 6 章　第 1～5 章总结 ········· (037)
习题 6 ········· (038)

第 7 章　指数和代数式 ········· (041)
7.1　代数表达式 ········· (041)
7.2　负指数和零指数 ········· (042)
7.3　指数运算法则 ········· (042)
习题 7 ········· (044)

第 8 章　方程的等价性和解方程 ········· (046)
8.1　列方程 ········· (046)
8.2　解方程 ········· (047)
8.3　解应用题 ········· (048)
习题 8 ········· (050)

第 9 章　形式解和公式 ········· (051)
9.1　形式解 ········· (051)
9.2　解方程组 ········· (052)
习题 9 ········· (054)

第 10 章　多项式和代数运算 ·················· (056)
10.1　多项式 ····························· (056)
10.2　多项式运算 ······················· (057)
10.3　深度阅读：以 x 为基的多项式
　　　及竖式运算 ····················· (059)
习题 10 ································· (062)

第 11 章　根式 ····························· (063)
11.1　n 次根 ··························· (063)
11.2　指数运算法则 ···················· (064)
11.3　有理数和无理数 ················· (065)
11.4　深度阅读：新数及初等数学的基本假设
　　　································· (067)
习题 11 ································· (068)

第 12 章　代数运算和因式分解 ············ (070)
12.1　几个特殊乘法公式 ··············· (070)
12.2　分母有理化 ······················· (071)
12.3　乘法技巧 ·························· (072)
12.4　因式分解和二次方程 ············ (073)
12.5　有理分式的化简 ················· (076)
习题 12 ································· (077)

第 13 章　次序、距离和绝对值 ············ (079)
13.1　不等式 ····························· (079)
13.2　不等式的性质 ···················· (080)
13.3　解不等式 ·························· (081)
13.4　绝对值 ····························· (082)
13.5　集合 ······························· (083)
13.6　深度阅读：应用题——哪种水果便宜
　　　································· (084)
习题 13 ································· (086)

第 14 章　二次及高次方程 ·············· (087)
- 14.1　配方法及平方根公式 ·············· (087)
- 14.2　高次方程 ·············· (089)
- 习题 14 ·············· (090)

第 15 章　函数的几何性质 ·············· (092)
- 15.1　线性方程及直线 ·············· (092)
- 15.2　二次方程及抛物线 ·············· (093)
- 习题 15 ·············· (095)

第 16 章　逆函数 ·············· (096)
- 16.1　逆函数的定义 ·············· (096)
- 16.2　指数函数 ·············· (098)
- 16.3　对数函数 ·············· (098)
- 习题 16 ·············· (100)

第 17 章　复数简介 ·············· (101)
- 17.1　复数的定义 ·············· (101)
- 17.2　复数的模和辐角 ·············· (102)
- 17.3　方程的所有解 ·············· (103)
- 习题 17 ·············· (104)

附录 A　一些数学概念 ·············· (105)
- A.1　函数 ·············· (105)
- A.2　三角函数的定义 ·············· (107)

附录 B　《石中剑》插曲《世界就是转圈的》 ·············· (109)

索引 ·············· (111)

绪　　论

从词典网站（dictionary.com）我们知道：**算术**（arithmetic）作为数学的一个分支，专门研究数的性质和运算．根据维基百科我们也知道：算术是研究数，特别是研究可以加在数上的某些传统运算（比如加（＋）、减（－）、乘（×）、除（÷））的数学分支．有些时候，我们甚至认为算术就是初级的数论．事实上，中文在这里显示了它的强大：所谓**算术**，无非就是"算"的"术"——运算的技术！

有趣的是，人类似乎天生就有算术的基本能力．即使是出生不久的婴儿，一旦确认了妈妈，就有可能懂得妈妈的唯一性！从而知道了数字1．当婴儿逐渐长大，算术的技巧也开始慢慢地提升．很快，小婴儿开始数自己的手指．用不了多久，他就会意识到自己有10根手指，即使他并不知道每一根手指的名称．从我们人类的成长过程看，数数是人类的天性之一．

顺带一提：在数数的过程中，孩子们已经开始在学习加法了．

"不不不，你今天已经吃了太多糖了！"当妈妈们从孩子们的手中拿走他们最爱的糖果的时候，孩子们自然而然地学习了很难的一课——减法．是的，减法在数学学习中始终是不简单的．

"妈妈，5后面的数字是几？""用你的两只手数一数!"妈妈正在洗衣服,没有抬头就直接回答了孩子.

"妈妈,如果我要计算 2 加上 9,怎么办呢?我自己只有 10 根手指!""借你爸爸的手指呗!"妈妈正在给全家准备晚饭,没办法腾出一只手.

是的,每个人都会从生活中自然而然地学会一些算术(同时很幸运地意识到有手指和妈妈的帮助).但是孩子要想更上一层楼,那些自然而然学会的算术技巧就不太够用了,孩子需要从外界逐渐地获取知识.

让我们用数手指的方法试着数 51:孩子自己的 10 根手指,妈妈的 10 根手指,爸爸的 10 根手指,爷爷的 10 根手指,奶奶的 10 根手指,最后再加上弟弟或者妹妹的 1 根手指.

尽管上面的方法看上去有点儿慢,但是它启示孩子"重组"(把每 10 根手指归为一组).这个想法非常好.至此,你和孩子应该从算术进入了代数的世界.

第 1 章
如何数数：十进制计数法

本章要点

- 计数法
- 位值
- 十进制
- 指数

1.1 整数计数

我们先来介绍计数系统.

顺便说一句，我们常用的计数系统叫作**十进制**(decimal number system)．如果你知道这个词是什么意思的话，那试试解释解释什么叫**二进制**(binary number system)．如果二进制对你来说也是小菜一碟，那你知道什么是**多项式**(polynomial)吗？后面我们会看到它们之间的联系．

举个例子，386 这个数，读作"三百八十六"，也可以说是"三百和八十六"，或者"三百和八十和六"．这些说法都是一个意思，就是说 386 这个数是由"三个百""八个十"和"六个一"组成的．用数学式子表示起来也就是

$$386 = 3 \times 100 + 8 \times 10 + 6 \times 1$$

我们也会说 3 在**百位**（hundreds place）上，8 在**十位**（tens place）上，6 在**个位**（ones place）上．换句话说，386 的百位上是 3，十位上是 8，个位上是 6．

1.2 小数计数

现在我们来试一试小数．
还记得吗？我们有
$$0.1 = 1 \div 10$$
$$0.01 = 1 \div 100$$
0.1 是指十分之一，而 0.01 是指百分之一．

🖉 练习 1.1

数字 386.24 的十位上是几？十分位上是几？

两个数字相加，我们一般把它们的每一位逐个相加（个位与个位相加，十位与十位相加……）．**为什么这样做就能得到正确答案呢？**我们将会在接下来的一章给出解释．

例 1.1 $7.63 + 0.21 = 7.84$． □

🖉 练习 1.2

计算：
$$7.02 + 0.43$$

我的笔记　　　**日期：**

1.3 深度阅读：十进制和二进制

为了理解十进制数和二进制数，我们首先要学习**指数**的基本概念．指数的详细内容我们会在第 7 章展开．

定义 1.1（指数）

如果 m 是一个正自然数[①]，那么对于任何数 a，我们有

$$a^m = \underbrace{a \times \cdots \times a}_{m\text{个}}$$

当 $a \neq 0$ 时，我们可以把定义中的 m 延伸为 0 甚至是负数[②]，也就是

$$a^0 = 1$$

$$a^{-m} = \frac{1}{a^m}$$

因为定义中说"**对于任何数 a**"（当指数是零或负数时，这个任意数不能是零），所以我们可以把 a 换成 10，从而有

$$10000 = 10^4 = \underbrace{10 \times 10 \times 10 \times 10}_{4\text{个}}$$

$$10^0 = 1$$

$$0.01 = 10^{-2} = \frac{1}{100}$$

上面的三个式子采用的就是十进制的计数方法．同时，我们还可以用 2 来替代字母 a，就有

[①] 我们把从 0 开始，一个一个往后计数的数 0，1，2，3，…称为自然数．

[②] 在第 3 章里我们会看到：负数由自然数的相反数扩张而得．

$$2^4 = \underbrace{2 \times 2 \times 2 \times 2}_{4个} = 16$$

$$2^0 = 1$$

$$2^{-2} = \frac{1}{2^2} = \frac{1}{4} = 0.25$$

采用上面的方式，我们可以把一个普通的十进制数字，比如 386.25，写成

$$386.25 = 3 \times 10^2 + 8 \times 10^1 + 6 \times 10^0$$
$$+ 2 \times 10^{-1} + 5 \times 10^{-2}$$

我们说在数 386.25 中，3 在百位上，5 在百分位上，以此类推．下面让我们来看看如何把十进制数 17 转换成二进制数：

$$17 = 16 + 1$$
$$= 1 \times 2^4 + 1 \times 2^0$$

这样在万位（从右往左数第五位）上是数字 1，个位（从右往左数第一位）上也是数字 1．所以

$$17_{10} = 10001_2$$

习题 1

1. 计算下面的结果，并读出你的答案：

(1) $4 + 20 + 300$；

(2) $1000 + 30 + 40 + 5$；

(3) $3000 + 40 + 6$；

(4) $6 + 30 + 40 + 2000$；

(5) $7 + 4000 + 60$．

2. 计算下面的式子：

(1) 14×15；

(2) 14×105；

(3) 26×5；

(4) 48×50；

(5) $18 \times 4 + 6 \times 18$．

3. （**加强题**）读完深度阅读后，回答下面的问题：

(1) 把十进制数 13 转换成二进制数;

(2) 把二进制数 11010_2 转换成十进制数.

4. (**加强题**)读完深度阅读后,设计一个五进制数系统,比如叫 N_5.

(1) 五进制数字 24_5 换成十进制数是多少?

(2) 五进制数字 4224_5 换成十进制数是多少?

5. (**加强题**)读完深度阅读后,试试五进制数的加法运算(注意与十进制数里的加法比较"进位"的概念):

(1) $21_5 + 13_5$;

(2) $34_5 + 43_5$.

还有五进制?是为了难为我们吗?

不是. 用一个你们不熟悉的进制来加深对"进位"和"位值(place value)"的理解.

第 2 章
运　算

> **本章要点**
>
> ☐ 加法　　　　　　　☐ 结合律（规律 2.2）
> ☐ 乘法　　　　　　　☐ 分配律（规律 2.3）
> ☐ 交换律（规律 2.1）　☐ 竖式运算

在熟悉了数的表示以后，我们来看两种重要的运算：**加法**（addition）和**乘法**（multiplication）. 我们假设孩子及其家长已经了解了这两种运算：知道如何计算两个数相加和相乘，并且会用竖式来做加法和乘法的运算.

这一章我们来回顾一下加法和乘法的混合运算，并且提出三个十分重要的**运算规律**. 有了这些运算规律，我们就可以解释很多事情. 比如说，为什么两个数相加时我们要求个位加个位，十位加十位？为什么我们可以用竖式加法和竖式乘法来更方便、更快捷地算出答案？

2.1　加法和乘法

先来试着做做下面两道练习题.

✎ 练习 2.1

计算：
$$327 + 78$$
$$25 \times 25$$

当式子中同时有加法和乘法的时候，比如 $3 \times 7 + 2$，先算乘法还是先算加法，就是个需要思考的问题：如果先算乘法，则 $3 \times 7 + 2$ 的结果是 23，但如果先算加法，则 $3 \times 7 + 2$ 的结果是 27.

为避免以上的混淆，我们规定了运算的**顺序**（rank）：当同时有加法和乘法时，**先算乘法，再算加法**. 另外，我们还会用到小括号（ ）和中括号［ ］. 当有括号时，**我们应当先算小括号里的，再算中括号里的，最后算括号外的**.

✎ 练习 2.2

计算：
$$7 + 3 \times 7$$

✎ 练习 2.3

计算：
$$(7 + 3) \times 7 + 7$$

✎ 练习 2.4

计算：
$$[(7 + 3) \times 7 + 7] \times 8$$

2.2 运算规律：数字王国里的"宪法"

这一节我们学习的运算加法和乘法遵循三个重要的运算法则. 它们就像数字王国里的"宪法"一样，明确地给大家指出做加法和乘法运算时应当遵守什么样的规律.

> **规律 2.1（交换律）**
>
> 两个数 a 和 b 相加或者相乘，交换它们的位置，结果不变：
> (1) $a + b = b + a$；
> (2) $a \times b = b \times a$.

运算法则只对加法、乘法成立，从自然数的运算经验得到，然后扩展到任意数.

注意 一开始接触交换律以及接下来的一些规律时，建议大家先用实际的自然数代替规律里的 a 和 b，看看结果是否相同. 事实上，人类首先意识到自然数的运算满足这些规律并领悟到这些规律的有用之处. 因此，在后面发现/扩张其他的数的时候，我们会一直要求新数的运算也满足这些规律.

交换律也可以帮助我们很快地数数或者识数，比如根据交换律，数 100 个 6 和数 6 个 100 的结果是一样的，都是 600. 很显然，数 6 个 100 会省力些.

> **规律 2.2（结合律）**
>
> 任给三个数 a，b 和 c，我们都有
> (1) $a + b + c = (a + b) + c = a + (b + c)$；
> (2) $a \times b \times c = (a \times b) \times c = a \times (b \times c)$.

有时候，交换律和结合律一起使用会让我们更快、更容易算出结果. 请看下面的练习.

✐ **练习 2.5**

计算：

$$37 + 68 + 63$$

$$5 \times 37 \times 2$$

当一个式子里既有加法又有乘法的时候，也会遵守下面的运算规律.

> **规律 2.3（分配律）**
>
> 任给三个数 a，b 和 c，我们都有
> $a \times (b + c) = a \times b + a \times c$

试着用分配律来算算下面的式子. 当然你也可以不

用分配律，而是直接算出答案．但使用分配律可以省去很多时间．

✎ **练习 2.6**

计算：
$$13 \times 7 + 13 \times 3$$

我们用下面的例子来帮助大家更好地理解分配律．

假设你有 5 个苹果，你的妈妈有 7 个苹果．那么你们俩一共有

$$5 \text{ 个苹果} + 7 \text{ 个苹果} = 12 \text{ 个苹果}$$

每次都写"苹果"两个字相当麻烦，我们就用字母 a 来代替（苹果的英文是 apple，我们取它的第一个字母），那么等式就变成了

$$5a + 7a = 12a$$

这个式子表面上看上去就是 a 不动，数相加，跟后面要学到的合并同类项是一个意思．实际上，我们无非就是用到了分配律来得结果而已．

注意 本书在以后的章节会用小写字母，比如 a，b，$\cdots$ 来代替不同的数（有字母的算式我们习惯上称为代数式）．用字母代替数是学代数的第一步．

值得注意的是，我们一直说加法和乘法遵守三个重要的规律．那么你可能会很好奇地问：其他运算是不是也遵守这些规律呢？比如减法和除法，它们也遵守这些规律吗？

没上学的时候，我们用手指学习加法、减法；上了小学以后，你可能也会学到用长除法计算两个数相除．虽然加、减、乘、除这四种运算经常会被放在一起，但遗憾的是，**减法和除法并不遵守这些规律**．

你可能会观察到 $9 - 7 \neq 7 - 9$，也就是减法不遵守交换律（交换 9 和 7 的位置，结果变了）．

这实在是很不公平，同样是运算，减法和除法却不遵守这些规律．那遇到减法和除法时，我们该怎么办呢？

这不公平！减法、除法不满足运算规律．

我的笔记　　日期：

_____

_____

_____

_____

_____

_____

_____

2.3　深度阅读：竖式——让计算更简单

对于加法，我们知道可以把每一位对应的数字加在一起．实际上用竖式书写加法，可以让计算更简单．

例 2.1　计算 $1389+356$．

解　第一步：从个位开始，两个数的个位分别是 9 和 6．$9+6=15$，15 超出了 10，因此我们把 5 放在个位上，然后把 1（事实上，这个"1"代表 10）进位到十位中参与计算：

$$\begin{array}{r} 1\ \ 3\ \ ^18\ \ 9 \\ +\ \ \ \ 3\ \ 5\ \ 6 \\ \hline 5 \end{array}$$

第二步：把十位上的数字相加．$1+8+5=14$（这里别忘了还有刚才进位的 1！），结果超出 10，于是我们把 4 放在十位上，同时把 1 进位到百位上：

$$\begin{array}{r} 1\ \ ^13\ \ ^18\ \ 9 \\ +\ \ \ \ 3\ \ 5\ \ 6 \\ \hline 4\ \ 5 \end{array}$$

第三步：我们把百位上的数字相加，得到 $1+3+3=7$，7 没有超出 10，于是 7 直接留在百位上，最后千位上的 1 仍在千位上：

$$\begin{array}{r} 1\ ^13\ ^18\ 9 \\ +\quad\ \ 3\ 5\ 6 \\ \hline =\ 1\ 7\ 4\ 5 \end{array}$$

所以 $1389 + 356 = 1745$. □

同样，乘法也可以用竖式计算.

例 2.2 计算 38×42.

解 我们利用**分配律**，可以如下计算：

$38 \times 42 = 38 \times (40 + 2) = 38 \times 2 + 38 \times 40$

第一步：计算 $38 \times 2 = 76$.

$$\begin{array}{r} 3\ 8 \\ \times\quad\ \ 2 \\ \hline 7\ 6 \end{array}$$

第二步：计算 $38 \times 40 = 1520$. 要注意的是位数的对齐：1520 中的 "2" 跟上面的 76 的 "7" 对齐，同时我们把 1520 中的 "0" 省略了.

$$\begin{array}{r} 3\ 8 \\ \times\quad\ 4\ 2 \\ \hline 7\ 6 \\ 1\ 5\ 2\quad\ \end{array}$$

第三步：前两步已经算出了 38×2 和 38×40 的结果，现在把两个数 76 和 1520 加在一起.

$$\begin{array}{r} 3\ 8 \\ \times\quad\ 4\ 2 \\ \hline 7\ 6 \\ +\ 1\ 5\ 2\quad\ \\ \hline 1\ 5\ 9\ 6 \end{array}$$

所以 $38 \times 42 = 1596$. □

练习 2.7

小明学习了今天的内容后，试着用竖式计算 1.3×1.2. 他的计算过程如下：

```
        1 . 3
×       1 . 2
─────────────
        2 . 6
+     1 3 .
─────────────
      1 5 . 6
```

他的计算有问题吗？如果小明的计算是对的，那么 $1.3 \times 1.2 = 15.6$？

颇具挑战性的问题是：我们在做竖式相加、竖式相乘时都用了哪些运算规律？比如我们问：竖式加法为什么可以个位数加个位数、十位数加十位数这样对应位置数相加？也许可以尝试：如何用竖式做别的进制数的加法及乘法运算.

习 题 2

1. 使用交换律和结合律来计算下面的式子：

(1) $23 + 58 + 17$；

(2) $34 + 87 + 26 + 13$；

(3) 5×65；

(4) $25 \times 23 \times 4$.

2. 使用运算规律计算下面的式子：

(1) $12 \times 23 + 88 \times 23$；

(2) $23 \times 17 + 17 \times 77$；

(3) $19 \times 13 + 19 \times 30 + 19 \times 57$.

3. 先心算，然后写下步骤验证你的结果：

(1) $57 + 165 + 43$；

(2) $58 + 374 + 43$；

(3) $58 \times 36 + 64 \times 58$；

(4) $134 \times 931 + 134 \times 69$；

(5) $125 \times 4728 \times 2 \times 4$.

4. (**加强题**) 计算下面的式子，并读出你的结果：

(1) 1000×1000；

(2) $10 \times 1000 \times 10 \times 1000$；

(3) 10000×10000.

5. (**加强题**)在不同的文化中,对数字的念法略有不同,比如 10×1000 的结果,我们读作"一万",而在英语中读作"ten thousand",直译过来就是"十千". 计算下面的式子,并读出你的结果:

(1) $10 \times 10 \times 1000 \times 1000$;

(2) 在 $50 \times 10 \times 1000 \times 1000$ 里有多少个 10 相乘?

6. (**加强题**)试着用竖式来做 5 进制数的运算:

(1) $214_5 + 323_5$;

(2) $214_5 \times 23_5$.

第 3 章
相反数和倒数

本章要点

- 相反数（定义 3.1）
- 减法（定义 3.2）
- 倒数（定义 3.3）
- 除法（定义 3.4）
- 分数（定义 3.5）
- 长除法

3.1 相反数与减法

给定一个数，我们可以找它的相反数. 相反数在生活中很常见：比如温度是零上 1 摄氏度（即 1℃），它的相反数就是零下 1 摄氏度（即 -1℃）. 或者：你有 2 元钱，与之相反的就是你欠别人 2 元钱，也就是你有 -2 元钱. 这样的例子还有很多，感兴趣的家长可以陪孩子看一部迪士尼的动画片——《石中剑》. 里面的经典歌曲 *That's What Makes The World Go Round*，用大量的例子传递给孩子什么是"相反"的概念. 我们在附录里给出了歌词的中文翻译.

> **定义 3.1（相反数）**
>
> 一个非零数的相反数是一个新的数，它加上原来的数等于 0.
>
> 对于任何一个数 a，我们记它的相反数为 $-a$. a 和 $-a$ 两个数总是互为相反数.

✐ 练习 3.1

找下列数的相反数：

$$3.4,\ 4.3,\ 0.34,\ -4,\ -4.1$$

如果 a 是一个**正数**（positive number），那么它的相反数 $-a$ 叫作**负数**（negative number）. 数字 0 是个特殊的例子：它的相反数是自己本身. 当我们说一个数 a 减去另一个数 b 的时候，实际上我们可以说数 a 加上数 b 的相反数.

> **定义 3.2（减法）**
>
> 一个数减去另一个数，等于这个数加上另一个数的相反数：
>
> $$a - b = a + (-b)$$

注意 这里我们在 $-b$ 的外面加上了一个小括号. 如果不加，式子则会变成 $a + -b$，会让人分不清 a 和 b 到底是相加、相减还是取相反数. 括号的使用让我们的式子没有了**歧义**（ambiguity）.

现在，两个数相减变成了相加，一切又开始遵守我们说的运算"宪法"了，也就是交换律、结合律和分配律. 比如

$$a + (-b) = (-b) + a$$

大多数时候 $(-b) + a$ 就写成 $-b + a$，这里没有歧义.

学算术的时候，我们学会了一个大的数减去一个小的数（比如 $12 - 5 = 7$）. 大数减小数，用掰手指也可以算得出来. 现在介绍了负数，我们就能够解决一个小的数减去一个大的数，这个掰手指也很难解决的问题. 比如说 $5 - 12$，也就是 $5 + (-12)$ 的结果. 我们只需要取数 5

和 -12 的相反数，得到 $-5+12$，即 $12-5$，结果是 7，但是别忘了 7 只是 $5-12$ 结果的相反数，实际的结果应该是 -7.

例 3.1

$$5-12 = -(-5+12) \quad \text{（相反数的相反数是自己本身）}$$
$$ = -(12-5) \quad \text{（交换律）}$$
$$ = -7$$

3.2 倒数与除法

同样，我们来看看除法怎么计算. 如果数 a 不是 0（我们也可以说"a 是一个非零的数"），那么我们可以探讨 a 的**倒数**(reciprocal number).

在探讨倒数的概念之前，让我们来举一个"香喷喷"的例子：假如每个人都有一张比萨，那么 10 个人有多少张？很显然答案是 10 张. 可是如果 10 个人想要平均地(每个人分得的一样多)分享一张大的比萨，那么现在每个人分得多少呢？不管这张比萨有多大，每一个人都分得了这张饼的十分之一. 我们说十分之一，即 $\frac{1}{10}$ 是数 10 的倒数. 一般地，我们有如下定义：

定义 3.3（倒数）

假设 a 是一个非零的数. 它的倒数是一个数，这个数乘以 a 所得到的结果是 1.

我们记一个非零数 a 的倒数为 $\frac{1}{a}$. 两个非零的数 a 和 $\frac{1}{a}$ 总是互为倒数，并且

$$a \times \frac{1}{a} = \frac{1}{a} \times a = 1$$

学会倒数后我们可以看出，事实上，数 m 除以 n

就是 m 乘以 n 的倒数. 也可以用之前香喷喷的例子(食物总是让人流连忘返)来看除法：若一张比萨被 n 个人平均分，每个人会分得这张比萨的 $\frac{1}{n}$；如果是 m 张同样的比萨被 n 个人平均分，每个人能分得 $m \times \frac{1}{n}$ 张比萨. 使用倒数的概念，我们就可以定义什么是除法.

> **定义 3.4（除法）**
>
> 一个数 m 被一个非零数 n 除，就是被除数 m 乘以除数 n 的倒数：
> $$m \div n = m \times \frac{1}{n}$$

事实上，除法的概念可以延伸出另外一个重要的数学概念——**分数**(fraction).

> **定义 3.5（分数）**
>
> 我们用分数来表示 $m \div n$：
> $$\frac{m}{n} = m \div n = m \times \frac{1}{n}$$
> 我们把 m 叫作分数 $\frac{m}{n}$ 的分子，把 n 叫作分数 $\frac{m}{n}$ 的分母.

我们有 $\frac{m}{n} = m \times \frac{1}{n}$. 显然，**一个数的倒数的倒数是它自己本身**. 同时，分数 $\frac{m}{n}$ 的倒数是 $\frac{n}{m}$.

想要完全理解分数，就要学习分数的计算. 用定义我们可以得到下面重要的公式：
$$\frac{1}{n} \times \frac{1}{m} = \frac{1}{n \times m} = \frac{1}{nm}$$
（大家可以思考怎么得到的，答案在 4.3 节给出.）你可以想象有一张巨大的比萨被 n 个妈妈分，每个妈妈有 m 个孩子，每个妈妈都无私并且公正地把分得的比萨平

均分给 m 个孩子，而自己不吃，那么每个孩子都会分得 $\dfrac{1}{nm}$ 张比萨.

注意　两个数相乘可以写成 nm. 比起 $n \times m$，前者省略了乘号，但是并不会引起歧义.

用定义和三条运算规律，我们可以得到下面更一般的公式：

$$a \times \dfrac{m}{n} = \dfrac{am}{n} \tag{3.1}$$

$$\dfrac{m}{n} \times \dfrac{a}{b} = \dfrac{ma}{nb} = \dfrac{m}{n} \div \dfrac{b}{a} \tag{3.2}$$

$$\dfrac{m}{n} + \dfrac{a}{n} = \dfrac{m+a}{n} \tag{3.3}$$

公式（3.3）实际上可以由分配律得到，你看出来了吗？

✍ 练习 3.2

计算：

$$\dfrac{1}{7} \times \dfrac{3}{8}, \quad \dfrac{1}{7} \div \dfrac{3}{8}, \quad \dfrac{2}{3} \times \dfrac{1}{4} + \dfrac{5}{12}$$

我们可以观察到在公式（3.3）里，两个分数的分母都是一样的. 大家也许会问：分母不同的两个分数相加的结果怎么计算呢？大家可以先算算 $1 + \dfrac{1}{2}$，或者想象一下，一张比萨加上半张比萨到底是多少呢？

我的笔记　　日期：

_____
_____
_____
_____
_____
_____

3.3 深度阅读：长除法

在上一章的深度阅读中，我们利用竖式对加法和乘法进行快速计算。同样，我们用竖式做除法。通常我们称之为**长除法**。

例 3.2 计算：$27001 \div 31$.

解 我们先给出结果，再分步求解：
$$270001 \div 31 = 871$$

第一步：因为 27001 的前两位数 27 小于 31，我们试着计算 $270 \div 31$ 的结果。我们应该在最上方放数 8，而不是 9，因为 $9 \times 31 = 279 > 270$。同时至少应该放数 8，因为 $8 \times 31 = 248 < 270$。

$$\begin{array}{r} 8 \\ 31 \overline{\smash{)}27001} \\ -248 \\ \hline \end{array}$$

第二步：$270 - 248 = 22$。我们把 22 放在 248 的下面，同时 27001 中对应的第二个 0 放下来，22 变成了 220。注意，这里实际上是 $27001 - 24800 = 2201$，剩下的数字 1 我们下一步会用到。

$$\begin{array}{r} 8 \\ 31 \overline{\smash{)}27001} \\ -248 \\ \hline 220 \end{array}$$

第三步：我们重复第一步。这一次最上方应放 7，因为 7 是乘以 31 后结果小于 220 的最大数。同时计算 $220 - 7 \times 31 = 220 - 217 = 3$，所以我们把 3 放在 217 的下面，然后 27001 的下一个数字 1 放下来。

```
        8 7
31 ) 2 7 0 0 1
    -2 4 8
       2 2 0
      -2 1 7
           3 1
```

第四步：与上面的步骤相同. 因为 $31 = 1 \times 31$，所以最上方放 1. 由于 $31 - 31 = 0$，运算结束.

```
        8 7 1
31 ) 2 7 0 0 1
    -2 4 8
       2 2 0
      -2 1 7
           3 1
          -3 1
             0
```

所以 $27001 \div 31 = 871$. □

注意 必须强调：我们能够做长除法的前提是"被除数可以被除数整除". 若被除数不可以被除数整除的话，逻辑上长除法是不成立的. 最有名的、最常见的错误就是 $1 \div 3 = 0.\dot{3}$："逻辑"上，这是不正确的.

习 题 3

1. 计算下列式子：

(1) $5 - 17 + 18$；

(2) $7 - 19 + 17$；

(3) $18 \times 7 \div 9$；

(4) $24 \div 9 \times 6$.

2. 计算下列式子：

(1) $20008 - 29$；

(2) $20607 - 189$；

(3) $8001 \div 21$；

(4) $\dfrac{2}{9} \times \dfrac{1}{5}$；

(5) $\dfrac{1}{3} \times \dfrac{4}{3} \times \dfrac{21}{2}$.

3. (**加强题**)计算下列式子：

(1) $-201 + 195 - 5$；

(2) $7 \times \dfrac{1}{15} + 2 \times \dfrac{4}{15}$；

(3) $\dfrac{3}{4} \times \dfrac{8}{15} \div \dfrac{2}{5}$.

4. (**加强题**)试试口算下列式子：

(1) 78×5；

(2) 126×50；

(3) 12345679×9；

(4) 12345679×45.

第 4 章
分数加法

本章要点

☐ 异分母   ☐ 分数相加
☐ 通分   ☐ 分数转换成小数

4.1　异分母分数相加

上一章最后的问题你回答出来了吗？一张比萨和半张比萨加一起是多少呢？也就是 $1+\dfrac{1}{2}$ 是多少？

在计算这个结果的时候，我们要换个角度，把 1 张比萨看成 2 个半张比萨，也就是

$$1 \text{ 张比萨} = 2 \text{ 个半张比萨}$$

因此，我们有下面的式子：

1 张比萨 + 1 个半张比萨

　　= 2 个半张比萨 + 1 个半张比萨　　（代换）

　　= 3 个半张比萨　　　　　　　　　（分配律）

过程可真复杂！的确，类似 $1+\dfrac{1}{2}$ 这样的分母不同 $\left(1\text{ 可以看成 }\dfrac{1}{1}\text{，分母是 }1\right)$ 的分数相加，计算起来会比

我们以前做的加法运算要难一些.

警示：有些孩子在一开始学习分数加法的时候，会犯类似下面的错误：

$$\frac{2}{3} + \frac{4}{7} = \frac{2+4}{3+7}$$

不同分母的分数相加是不能直接把分母相加再把分子相加的. 这是为什么呢? 正确的加法应该是什么样的?

让我们来看看异分母分数到底应该如何加在一起. 我们随便选择两个分母不同的分数，比如 $\frac{m}{n}$ 和 $\frac{a}{b}$（$n \neq b$）. 我们可以进行下面的操作：

$$\frac{m}{n} = \frac{m}{n} \times 1 = \frac{m}{n} \times \frac{b}{b} = \frac{mb}{nb}$$

为什么可以这么做呢? 我们知道任何数乘以 1 都还是自己本身. 而 1 实际上可以写成 $\frac{k}{k}$，这里的 k 可以是任何非零的数，当然也可以取 $k = b$. 同样，我们取 $k = n$，就有

$$\frac{a}{b} = \frac{a}{b} \times 1 = \frac{a}{b} \times \frac{n}{n} = \frac{an}{bn}$$

这样，我们就把 $\frac{m}{n}$ 变成了 $\frac{mb}{nb}$，$\frac{a}{b}$ 变成了 $\frac{an}{bn}$. 注意：它们现在有共同的分母 bn. 这个过程叫作**通分**. 现在我们就可以根据公式（3.3）把它们加在一起.

总结一下：我们通过上面的一系列操作，实际上得到的是

$$\frac{m}{n} + \frac{a}{b} = \frac{mb + an}{bn} \qquad (4.1)$$

例 4.1 计算并化简结果：

$$\frac{1}{3} + \frac{1}{6}$$

解 根据公式（4.1），本题中 $m = 1$，$n = 3$，$a = 1$，$b = 6$，我们可以得到

$$\frac{1}{3}+\frac{1}{6}=\frac{1\times 6+1\times 3}{6\times 3}=\frac{9}{18}$$

同时，我们还需要化简最后的结果，也就是 $\frac{9}{18}=\frac{1}{2}$. 为什么这么化简呢？第一次学习的小朋友们可能不能一眼看出来．一种解释是

$$\frac{9}{18}=\frac{1\times 9}{2\times 9}=\frac{1}{2}\times \frac{9}{9}=\frac{1}{2}$$

综上，我们就有 $\frac{1}{3}+\frac{1}{6}=\frac{1}{2}$. □

4.2 分数转换成小数

上面的例子只需要化简一个简单的分数 $\frac{9}{18}$，但是更复杂一些的分数，比如说 $\frac{38}{114}$，是否能化简呢？**有没有一些化简复杂分数的规律呢？**别急，我们将会在下一章讨论这些问题.

🌱 **练习 4.1**

计算：

$$\frac{1}{8}+\frac{1}{4}$$

也可用另外一种方式去理解分数，就是通过长除法，把分数变成小数．尽管这可能不是最合适的理解方式，但是可能让分数的概念变得不那么抽象．

🌱 **练习 4.2**

把 $\frac{1}{8}$ 和 $\frac{1}{4}$ 分别变成小数后，再相加，得到结果.

实际上，把小数变成分数也很简单.

例 4.2 0.25 乘以 100 等于 25，因此

$$0.25=\frac{25}{100}$$

我们将会在下一章教大家如何化简这个分数.

✎ 练习 4.3

把 0.375 化成分数.

把小数化成分数的技巧很实用，特别当除以一个小数的时候，适当地换算成分数，可能算起来更清楚. 比如下面的例子：

例 4.3

$$3.2 \div 0.2 = \frac{32}{10} \div \frac{2}{10}$$
$$= \frac{32}{10} \times \frac{10}{2}$$
$$= 16 \qquad \square$$

我的笔记　　日期：

_____
_____
_____
_____
_____
_____
_____

4.3 深度阅读：带有负数或分数的运算

给定一个自然数 n. 根据定义，它的相反数就是 $-n$. $-n$ 也可以看成 n 个 -1：

$$-n = n \times (-1) = \underbrace{(-1) + \cdots + (-1)}_{n\text{个}}$$

我们希望交换律对任何数都成立，这样就有

$$-n = n \times (-1) = (-1) \times n$$

据此我们定义：对任何数 a，

$$-a = (-1) \times a = a \times (-1)$$

也就是，任何数的相反数就是 -1 乘以这个数.

所以 -1 的相反数是 $(-1) \times (-1)$. 另一方面，我们从相反数的定义来看，-1 的相反数是 1. 我们得到一个重要的关系：

$$(-1) \times (-1) = 1 \qquad (4.2)$$

这个公式的另一个重要的意义在于：我们意识到乘法不只是用来替代加法，也可以用来思考、用来表达逻辑：一个事情相反的相反是它本身.

例 4.4 计算：

$$24 - (312 + 23)$$

解 注意到 23 很接近 24，我们先去括号.

$$\begin{aligned}
24 - (312 + 23) &= 24 - 312 - 23 \quad &\text{（分配律）}\\
&= 24 - 23 - 312 \quad &\text{（交换律）}\\
&= 1 - 312 \quad &\text{（结合律）}\\
&= -(-1 + 312) \quad &\text{（小数减大数）}\\
&= -311 &\square
\end{aligned}$$

很显然，在做有负数的运算时我们还是用运算的三大规律. 同样，我们可以这样做有分数的运算.

我们来解释怎么得到第 3 章里的公式 (3.2). 首先证

$$\frac{1}{n} \times \frac{1}{b} = \frac{1}{nb} \qquad (4.3)$$

注意到 $\frac{1}{nb}$ 是 nb 的倒数，我们只要来验证 nb 的倒数是 $\frac{1}{n} \times \frac{1}{b}$ 就可以. 我们可以这样做：

$$\begin{aligned}
nb \times \frac{1}{n} \times \frac{1}{b} &= n \times \frac{1}{n} \times b \times \frac{1}{b} \quad &\text{（交换律）}\\
&= \left(n \times \frac{1}{n}\right) \times \left(b \times \frac{1}{b}\right) \quad &\text{（结合律）}\\
&= 1 \times 1 \quad &\text{（倒数的定义）}\\
&= 1
\end{aligned}$$

由此即可证得公式 (3.2)：

$$\frac{m}{n} \times \frac{a}{b} = m \times \frac{1}{n} \times a \times \frac{1}{b} \quad \text{(分数的定义)}$$

$$= ma \times \frac{1}{n} \times \frac{1}{b} \quad \text{(交换律)}$$

$$= ma \times \frac{1}{nb} \quad \text{(公式(4.3))}$$

$$= \frac{ma}{nb} \quad \text{(分数的定义)}$$

注意 任何非平凡的分数（简化后的分母不是 1 的分数）都隐含了除法运算. 所以一般教材先讨论分数加减的做法在逻辑上并不正确，实践起来也会给学生带来困惑. 分数的运算并不要求学生知道什么是最小公倍数等概念.

逻辑上讲，我们要先学分数的乘法.

习 题 4

1. 计算并化简：

(1) $\dfrac{1}{4} + \dfrac{1}{4}$；

(2) $\dfrac{2}{9} + \dfrac{1}{6}$；

(3) $\dfrac{3}{8} \div 0.25$；

(4) $0.1 \div 0.02$.

2. 计算并化简：

(1) $\dfrac{1}{9} - \dfrac{1}{6} + \dfrac{2}{9}$；

(2) $6 \times \left(\dfrac{2}{3} - \dfrac{1}{6}\right)$.

3. (**加强题**)计算并化简：

(1) $18 \times 7 \times \left(\dfrac{2}{9} - \dfrac{1}{6}\right)$；

(2) $52 \times \left(\dfrac{1}{4} - \dfrac{2}{13}\right)$.

4. (**加强题**)试试口算下列式子:

(1) $\dfrac{8}{7} \times \dfrac{3}{4} \times \dfrac{7}{6}$;

(2) $-\dfrac{3 \times 41 - 46}{6} + \dfrac{21}{2} - \dfrac{23}{3}$.

第 5 章
因子和因子分解

本 章 要 点

- 因子(定义 5.1)
- 科学记数(定义 5.4)
- 指数(定义 5.2)
- 百分数
- 素数与合数(定义 5.3)
- 算术基本定理(定理 5.1)
- 因子分解

5.1 因子

懂一个人最好的办法就是看透他,懂一个数(比方说一个很大的数)的最好办法就是看穿它. 看上去数 1000 比 459 要大,但大家一般会觉得数 1000 要比数 459 简单点[①]. 不相信?那来看看你会花多少时间计算 1000×15 和 459×15?

数学上我们也可以看看乘法的反向运算,比如

$1000 = 10 \times 100 = 10 \times 10 \times 10$

$459 = 3 \times 153 = 3 \times 3 \times 51 = 3 \times 3 \times 3 \times 17$

---

① 小心:数学上很难说一个数比另一个数简单,但人们能领悟到简单的意思——这也是数学好玩的一个原因.

在上面的运算中,我们称 10 是 1000 的因子,3 和 17 是 459 的因子.

定义 5.1 (因子)

假如一个正整数 a 能被另一个正整数 m 整除,那么这个数 m 就叫作 a 的一个因子.

练习 5.1

你能不能找到 10 以外的 1000 的其他因子?稍微难一点的问题是:你能不能找到 1000 的所有的不同因子?

为简单起见,我们引进指数表达式.

定义 5.2 (指数)

假设 m 是一个正自然数,那么对任何数 a,我们定义:
$$a^m = \underbrace{a \times \cdots \times a}_{m\text{个}}$$

根据定义 5.2,有
$$1000 = 10^3$$
$$459 = 3^3 \times 17$$

定义 5.3 (素数与合数)

假如一个大于 1 的自然数 p 只有 1 和它自己是它的因子,这个数就叫作素数(又称质数)[①].

我们称一个大于 1 的非素数的自然数为合数.显然,一个合数有除了 1 和它本身之外别的因子.

---

① 有两种定义素数的方法. 一种是:任意的只有 1 和它自己两个不同的因子的自然数叫作素数. 在这个定义下,1 不是素数. 另一种是:任意的只有 1 和它自己作为因子的自然数叫作素数. 在这个定义下,1 就是个素数. 本书将采用第一种定义. 事实上,无论用哪种定义,对别的事情影响都不大.

✎ 练习 5.2

下面哪些数是素数?

12, 27, 34, 51, 151, 267

5.2 因子分解

大致来讲，素数是些简单的数. 所有的自然数 m 都可以写成素数的乘积:

$$m = p_1 \times \cdots \times p_k$$

这里 $p_1, \cdots, p_k$ 都是素数(它们可能相同). 或者写成

$$m = q_1^{l_1} \times \cdots \times q_n^{l_n}$$

这里 $q_1, \cdots, q_n$ 是不同的素数. 我们称上式是 m 的因子分解.

例 5.1 因子分解：720.

解

$$720 = 2 \times 2 \times 2 \times 2 \times 3 \times 3 \times 5$$
$$= 2^4 \times 3^2 \times 5$$
□

✎ 练习 5.3

因子分解：350, 249. 数一数 350 有多少个不同的素数因子, 有多少不同的因子.

假如两个正自然数 m 和 n 有一个共同的因子 b, 也就是说, 有两个正自然数 m_1 和 n_1, 使得

$$m = b \times m_1, \quad n = b \times n_1$$

那么

$$\frac{m}{n} = \frac{bm_1}{bn_1} = \frac{m_1}{n_1} \times \frac{b}{b} = \frac{m_1}{n_1}$$

即我们可以通过消掉分子、分母的共同因子来化简一个分数. 若一个分数的分子、分母没有大于 1 的因子, 我们就称该分数是个最简分数.

例 5.2 化简分数：$\dfrac{330}{720}$.

解
$$\frac{330}{720} = \frac{33 \times 10}{72 \times 10}$$
$$= \frac{3 \times 11}{2^3 \times 3^2} = \frac{11}{24} \qquad \square$$

✐ **练习 5.4**

化简分数：$\frac{4}{6}$，$\frac{10}{100}$，$\frac{18}{396}$．

✐ **练习 5.5**

把小数 0.375 变为分数，并化简．

5.3 科学记数及百分数

通常，我们会把一个正数写成一个在 1 到 10 之间的数乘以 10 的次方．

定义 5.4（科学记数）

任何一个正数 m 都可以写成
$$m = a \times 10^k$$
这里 a 是一个在 1 到 10 之间的数．这种写法称为科学记数法．

例 5.3
$$13000 = 1.3 \times 10^4$$
$$130.5 = 1.305 \times 10^2 \qquad \square$$

我们再来介绍另一种分数：百分数．假如一个分数的分母是 100，我们称这样的分数为百分数，记作 $m\%$．

例 5.4
$$\frac{25}{100} = 25\%$$
$$\frac{3}{4} = \frac{3}{4} \times \frac{25}{25} = \frac{75}{100} = 75\% \qquad \square$$

📝 **练习 5.6**

将如下分数及小数转化为百分数：

$$\frac{1}{4}, \quad 0.375$$

5.4 深度阅读：素数及算术基本定理

从定义上看，我们能觉得素数是相对简单的——它们没有太多的因子. 下面我们会看到：所有的自然数都可以写成一串素数相乘.

因为有无穷多个自然数，所以我们首先要回答一个很基本的问题：

问题 5.1 有无穷多个素数吗？

欧几里得 (Euclid) 早在公元前 300 年左右就回答了这个问题. 在他的《几何原本》(*Elements*) 这本书中，他用了反证法来论证有无穷多个素数.

证明 反证法的基本思想是：假设相反结论成立，然后用已知的结论和逻辑来得到一个矛盾的结果，这个矛盾的结果就表明假设的相反结论不成立. 由此得到原结论是正确的.

我们假设只有有限个素数，比如 n 个. 我们可以把它们从小到大排成 $p_1, p_2, \cdots, p_n$. 我们来论证一定还有另一个素数不在上面素数中，从而得到矛盾.

来看这个数 $P = p_1 p_2 \cdots p_n + 1$. 这个数显然不在上面的素数中：它比 $p_1, p_2, \cdots, p_n$ 都要大. 它也不能是合数，因为它要是合数的话，它应该有个素数的因子（这些素数都在上面素数里面）；可是 P 不能被 $p_1, p_2, \cdots, p_n$ 中的任何素数整除. 所以它应该是素数. 但这个素数不在 $p_1, p_2, \cdots, p_n$ 中. 矛盾！ □

事实上，欧几里得在他的书里也阐明了下面的定理.

> **定理 5.1（算术基本定理）**
>
> 任何一个大于 1 的自然数，要么是个素数，要么可以唯一地表示成不同素数及其次方的乘积形式.

习题 5

1. 找出下列数中所有的素数因子：

(1) 1000；

(2) 2610；

(3) 1024.

2. 一个分数称为假分数，若它的分子比分母大. 比如 $\frac{11}{7}$. 注意到 $\frac{11}{7} = \frac{7+4}{7} = 1 + \frac{4}{7}$. 我们用 $1\frac{4}{7}$ 来记 $1 + \frac{4}{7}$. 数字 $1\frac{4}{7}$ 叫作混合分数. 将下列假分数化成混合分数：

(1) $\frac{12}{5}$；

(2) $\frac{23}{11}$；

(3) $\frac{100}{9}$.

3. 将下列混合分数化成假分数：

(1) $1\frac{3}{10}$；

(2) $3\frac{3}{13}$.

4. （**加强题**）将下列数写成两个素数的和：

(1) 48；

(2) 134.

5. （**加强题**）两个相差 2 的素数称为孪生素数. 试列出所有小于 200 的孪生素数.

第 6 章
第 1~5 章总结

本 章 要 点

- □ 自然数
- □ 整数
- □ 分数
- □ 运算法则
- □ 四则运算

定义 6.1（自然数）

我们称 0，1，2，3，…为自然数. 把这些自然数都放在一起，并置于一个大括号中，

$$\{0, 1, 2, 3, \cdots\}$$

我们称之为自然数组成的集合，简称自然数集，并用 $\mathbb{N}$ 来表示，

$$\mathbb{N} = \{0, 1, 2, 3, \cdots\}$$

在前文中，借助数字 0，我们引入了相反数. 这样自然数集就扩张到了整数集.

定义 6.2（整数）

我们称 0，1，-1，2，-2，3，-3，4，-4，5，-5，6，-6，…为整数. 把这些整数都放在一起，并置于一个大括号中，

$$\{0, 1, -1, 2, -2, 3, -3, 4, -4, 5, -5, 6, -6, \cdots\}$$

> 我们称之为整数组成的集合,简称整数集,并用ℤ来表示,
>
> ℤ = {0, 1, −1, 2, −2, 3, −3, 4, −4, 5, −5, 6, −6, ⋯}

相反数和倒数的引入让我们把自然数扩张到有理数.

在前文中,借助数 1,我们引进了倒数. 这样整数集又扩张到了分数集合. 假如 p 是一个整数,q 是一个非零的整数,我们称 $\dfrac{p}{q}$ 为分数. 所有分数组成的集合叫作有理数集合,我们用 ℚ 来表示(关于集合的记号,可以参阅附录 A),

$$\mathbb{Q} = \left\{ \dfrac{p}{q} \mid p \in \mathbb{Z}, q \in \mathbb{Z}, \text{且 } q \neq 0 \right\}$$

这里我们使用记号 $p \in \mathbb{Z}$ 来表示 p 是集合 ℤ 里的一个元素.

对有理数我们有加法和乘法两种运算,它们遵守三大运算规律:交换律、结合律以及分配律.

我们用加上一个相反数来替代算术中的减法,用乘以一个数的倒数来替代算术中的除法,算术里的四则运算就换为代数里的两种运算(加法和乘法). 至此,前五章内容包括了算术里的基本运算.

习 题 6

1. 计算(基本四则运算):

(1) 101×99;

(2) 97×103;

(3) 89×111;

(4) $121 \div 11$;

(5) $(121 + 220) \div 11$;

(6) $341 \div 11$;

(7) $1441 \div 11$;

(8) $34441 \div 11$.

2. 计算(基本运算):

(1) $132 \times 56 \div 77$;

(2) $387 \div 18 \times 4 \div 43$;

(3) $27 \times (21 - 4 \times 7) + 36 \times (21 - 2 \times 7)$;

(4) $\dfrac{45 \times 11 \times 21}{77 \times 9}$;

(5) $\dfrac{7 \times 4}{9} \div \dfrac{4}{18}$;

(6) $\dfrac{13 \times 22 - 17 \times 4}{8} - \dfrac{13 \times 6 - 34 \times 2}{8}$;

(7) $\dfrac{23 \times 14 - 29 \times 3}{15} - \dfrac{14 \times 8 - 7 \times 6}{15}$;

(8) $1\dfrac{3}{7} \times 2\dfrac{4}{5}$;

(9) $1\dfrac{4}{7} \div 3\dfrac{2}{3}$.

3. 验证下面哪些数是素数,并做一些有关梅森素数(Mersenne prime)的阅读:

(1) 301;

(2) 767;

(3) $2^7 - 1$;

(4) $2^{11} - 1$.

4. 有趣练习及阅读(Ⅰ):

(1) 数一数100以内有多少个素数.

(2) 数一数100到200之间有多少个素数.

(3) 数一数10100到10200之间有多少个素数.

(4) 能与别人聊一聊素数的个数是不是变得越来越稀少吗?会不会在很大的数以后的100个数里根本就没素数?

5. 有趣练习及阅读(Ⅱ):

(1) 数一数100以内有多少对孪生素数.

(2) 数一数100到200之间有多少对孪生素数.

(3) 数一数 10100 到 10200 之间有多少对孪生素数.

(4) 能与别人聊一聊孪生素数的个数是不是变得越来越稀少吗？会不会有无穷多对孪生素数？

(5) 阅读一些有关华人数学家张益唐的故事.

第 7 章
指数和代数式

本 章 要 点

- 负指数（定义 7.1）
- 同基指数运算（规律 7.1）
- 零指数（定义 7.2）
- 同指数的指数运算（规律 7.2）

7.1 代数表达式

代数表达式一般指带有变量（一般用字母表达）的数学式子．比如要表达一个数的 2 倍，我们可以用 x 来表达这个数，它的 2 倍我们就可以用 $2 \times x$ 来表达．一般地，我们用 $2x$ 来表达 $2 \times x$．

假如 $x=15$，我们就能计算
$$2x = 2 \times 15 = 30$$

我们引入指数表达式如下：
$$x^p \tag{7.1}$$

这里 x 叫基数，p 叫作指数（也叫次方）．

✎ **练习 7.1**

计算 2^4 和 2×4．你可以看到取 2 的 4 次方比 2 乘以 4 变大要快得多．

7.2 负指数和零指数

当 p 是自然数时,我们在 1.3 节里已经定义了指数. 对一般的数 p,表达式(7.1)很难理解(一般会在大学微积分里来解释这个定义),但当 p 是负数或零时,我们也容易来定义指数运算.

定义 7.1(负指数)

若 a 是一个非零的数,那么对任何一个自然数 n,定义

$$a^{-n} = \underbrace{\frac{1}{a} \times \cdots \times \frac{1}{a}}_{n\text{个}} = \frac{1}{a^n}$$

也就是说,a^{-n} 是 a^n 的倒数.

定义 7.2(零指数)

若 a 是一个非零的数,那么定义

$$a^0 = 1$$

7.3 指数运算法则

对任给的两个自然数 m,n 和一个非零的数 a,我们有

$$a^m \times a^n = \underbrace{a \times \cdots \times a}_{m\text{个}} \times \underbrace{a \times \cdots \times a}_{n\text{个}}$$

$$= \underbrace{a \times \cdots \times a}_{m+n\text{个}} = a^{m+n}$$

由定义 7.1 和定义 7.2,我们得到

$$a^m \times a^{-n} = a^m \times \frac{1}{a^n}$$

$$= \begin{cases} a^{m-n}, & m \geq n \\ \dfrac{1}{a^{n-m}}, & m < n \end{cases}$$

$$= a^{m-n}$$

因而我们得到下面两个重要的指数运算规律.

> **规律 7.1（同基指数运算）**
>
> 对任给的两个整数 m，n 和一个非零的数 a，我们有
> $$a^m \times a^n = a^{m+n}$$
> $$(a^m)^n = a^{mn}$$

✎ **练习 7.2**

由定义来推导
$$(3^4)^{-2} = 3^{-8}$$

> **规律 7.2（同指数的指数运算）**
>
> 对任给的两个非零的数 a，b 和一个整数 m，我们有
> $$(a \cdot b)^m = a^m \cdot b^m$$

✎ **练习 7.3**

用定义来推导
$$(3^2 \cdot 5^3)^{-2} = 3^{-4} \cdot 5^{-6}$$

例 7.1 化简：
$$\frac{15^3}{25^2}$$

解
$$\frac{15^3}{25^2} = \frac{(3 \cdot 5)^3}{(5^2)^2} = \frac{3^3 \cdot 5^3}{5^4}$$
$$= \frac{3^3}{5} = \frac{27}{5} \qquad \square$$

我的笔记   日期：

_____
_____
_____
_____
_____
_____
_____

习题 7

1. 计算：

(1) $2^3 \times 3^2 \times 4^{-1}$；

(2) $3^4 \div 2^{-3} \times 4^{-1} \times 3^{-2}$.

2. 写出如下代数表达式：

(1) 假如你妈妈每小时走 5 千米，你每小时比你妈妈快 x 千米．你的速度是每小时多少千米？

(2) 两个数 a 和 b 的平均数定义为 $\frac{a+b}{2}$．假如你有 2 颗糖，你妹妹有 x 颗糖，那你们平均有多少颗糖？

3. (**加强题**) 本章里所有的指数都假设是整数．对其他指数，即使是分数指数，我们也要格外小心．

(1) 用规律 7.1 定义 $2^{\frac{1}{2}}$：什么正数 x，其平方为 2？

解 假如规律 7.1 同样适用于分数指数，那么就有
$$(2^{\frac{1}{2}})^2 = 2^{\frac{1}{2} \times 2} = 2$$

也就是
$$x = 2^{\frac{1}{2}}$$

(但是 $2^{\frac{1}{2}}$ 究竟是什么？我们在第 11 章里还会再讨论它．)

(2) 规律 7.2 不适用于 m 是分数、a 和 b 是负数的情况．比如下面这个例子：

$$1 = 1^{\frac{1}{2}}$$
$$= [-1 \times (-1)]^{\frac{1}{2}} \quad (1^{\frac{1}{2}} = 1)$$
$$= (-1)^{\frac{1}{2}} \times (-1)^{\frac{1}{2}} \quad \text{(假如规律7.2适用于}m\text{是}$$
分数、a 和 b 是负数的情况)
$$= i \times i \quad \text{(在第17章会介绍复数)}$$
$$= -1 \quad \text{(复数 i 的定义)}$$

我们由此得到一个矛盾的结论：1 = -1！

第8章
方程的等价性和解方程

本章要点
- 列方程
- 解方程
- 等价方程(规律8.1)
- 解应用题

8.1 列方程

复杂的关系让人头痛.

假如问你比 8 多 5 的数是什么,你也许立刻就能答出来. 那问你能不能找到如下的数:这个数的 $\frac{1}{3}$ 比这个数减去 2 以后的 $\frac{1}{4}$ 还多 2?

你也许头晕目眩起来:这里面有太多关系了. 没错! 找到一个满足各种关系的数事实上是个逆过程. 通常,关系越多越复杂,找这个数的过程也就越复杂. 可是,按中国的老话,这样的问题可以"迎刃而解":我们可以一步一步逆向来做. 主要的第一步是列出方程,这个方程会包含所有给定的关系.

例 8.1 一个数的 $\frac{1}{3}$ 比这个数减去 2 以后的 $\frac{1}{4}$ 还多

2. 求这个数.

解 我们用 x 来表示这个数，然后写下相应的关系式①：

$$这个数的 \frac{1}{3} \Leftrightarrow \frac{1}{3}x$$

$$比这个数少 2 的新数 \Leftrightarrow x - 2$$

$$新数的 \frac{1}{4} \Leftrightarrow \frac{1}{4} \cdot (x-2)$$

最后我们把这些关系放在一起写出下面的等式（也叫方程）：

$$\frac{1}{3}x = 2 + \frac{1}{4} \cdot (x-2) \qquad (8.1)$$

一旦我们能找到满足方程（8.1）的数②，我们就做完了. 接下来的任务是解方程（8.1），详见后文. □

列方程是捋顺关系最佳的途径.

8.2 解方程

下面我们来学习如何解方程. 首先我们有如下方程的等价规律.

> **规律 8.1（等价方程）**
>
> （1）（相加不变性）若 $a = b$，那么对任何数 c，有
>
> $$a + c = b + c$$
>
> （2）（相乘不变性）若 $a = b$，那么对任何数 c，有
>
> $$a \times c = b \times c$$
>
> （3）（相等的对称性）若 $a = b$，那么 $b = a$.

---

① 我们称用来表示关系的代数式为关系式.
② 该数也称为方程的解.

注意 一个有点难度的思考题是：相等的对称性可以由相加不变性和相乘不变性推出.

我们来用以上规律解方程.

例 8.2 解方程(找到满足方程的 x 值)：
$$5x - 12 = 13$$

解 首先，由相加不变性，我们在方程的两端加上 12，得到
$$5x - 12 + 12 = 13 + 12$$
用结合律我们可以简化上式，得到
$$5x = 25$$
再由相乘不变性，我们在方程的两端乘上 $\frac{1}{5}$，得到
$$5x \cdot \frac{1}{5} = 25 \cdot \frac{1}{5}$$
简化上式，得到
$$x = 5 \qquad \square$$

✎ **练习 8.1**

解方程：
$$\frac{1}{2}x + 3 = 7$$

下面一个规律在以后的数学学习和论证时也非常有用.

> **规律 8.2**（等量传递性）
> 若 $a = b$ 且 $b = c$，那么
> $$a = c$$

8.3 解应用题

例 8.3 列方程解应用题：一个数和 4 的差的一半是 3，这个数是多少？（提示：应该会有两个答案.）

解 我们用 x 来表示这个数.

第一种情况：x 比 4 大. 那么我们得到方程
$$\frac{1}{2}(x-4) = 3$$
方程两边乘以 2，得到
$$x - 4 = 6$$
方程两边加上 4，得到 $x = 10$.

第二种情况：x 比 4 小. 那么我们得到方程
$$\frac{1}{2}(4-x) = 3$$
方程两边乘以 2，得到
$$4 - x = 6$$
方程两边加上 x，得到 $4 = x + 6$. 方程两边加上 -6，得到 $-2 = x$. 由相等对称性，得到 $x = -2$.

最终答案：这个数是 10 或 -2. □

要解更复杂点的方程(如方程 (8.1))，我们要学会先把方程两边的代数式化简. 在下一章我们来讨论这个问题.

我的笔记　　日期：

习题 8

1. 解方程：

   (1) $x - \dfrac{1}{2} = \dfrac{1}{4}$；

   (2) $2x - 3 = -x + 9$；

   (3) $\dfrac{x-4}{2} = 2x + 7$；

   (4) $\dfrac{1}{2}x + 2 = \dfrac{1}{4}x + 3$.

2. 列方程解应用题：

   (1) 小明的口袋里有些钱．他给了妈妈他 $\dfrac{1}{3}$ 的钱后发觉他口袋里只剩下 4 元钱．他给了妈妈多少钱？

   (2) 小娜现在的年龄是她妈妈年龄的 $\dfrac{1}{6}$．10 年后，她的年龄是她妈妈的 $\dfrac{3}{8}$．你知道小娜现在的年龄吗？

3. （**加强题**）对什么数 a，你能从方程里解出 x？这个 x 是什么？

   (1) $ax = 1$；

   (2) $ax = x + 1$．

4. （**加强题**）对什么数 a，下面的方程只有一个解？
$$(a+1)x = 0$$

第 9 章
形式解和公式

本 章 要 点

- 形式运算
- 二元线性方程组
- 换元法
- 消除法

9.1 形式解

在我们解方程或不等式时,除了变量字母以外常常还有别的字母(但不是我们要求的量),这样的字母我们称为参数. 来看下面的例子.

例 9.1 我们定义两个数 b 和 c 的平均数 a 为

$$a = \frac{b+c}{2} \qquad (9.1)$$

所以,假如 $b=4$ 及 $c=10$,那么它们的平均数 $a=7$.

现在,假如我们知道 $b=10$ 及 b 和 c 的平均数 a 为 13,那么我们可以通过解一个方程来得到 c(这里 c 是我们的变量 x):

$$13 = \frac{10+c}{2}$$

解上面的方程,我们得到 $c = 16$.

假如我们知道另一组数 b 和 a（a 为 b 和 c 的平均数），我们可以一步一步地重复上面的步骤来算出 c. 虽然步骤一样，但还是要花一定的时间. 我们更愿意先得到一个公式，这样以后再算 c 时，只要把数 b 和 a 代入公式就能得到结果. 现在我们把 b 和 a 看成参数，把 c 看作变量来从式（9.1）求解 c：

$$a = \frac{b+c}{2}$$
$$\Leftrightarrow \quad 2a = b + c$$
$$\Leftrightarrow \quad 2a - b = c$$

所以我们有

$$c = 2a - b \tag{9.2}$$

现在你再给一组数 a 和 b，我们把它们代入式（9.2）就立即得到 c 的值了. 也就是说，我们从方程（9.1）解出用参数 a 和 b 来表达的 c，我们就得到了公式（9.2）.

例 9.2 从下面的方程求解 y（x 是参数）：

$$4x + 2y = 8$$

解

$$4x + 2y = 8$$
$$\Leftrightarrow \quad 2y = 8 - 4x$$
$$\Leftrightarrow \quad y = \frac{8-4x}{2} = 4 - 2x \qquad \square$$

9.2 解方程组

上面的形式运算（运算结果是个表达式，而非一个具体的数）对解方程组尤其重要. 比如解一个 2×2 方程组——由两个方程及两个变量构成.

例 9.3 解下面的 2×2 方程组：

$$\begin{cases} x + y = 5 \\ 4x + 2y = 8 \end{cases}$$

解 我们先从第二个方程
$$4x + 2y = 8$$
解出 y：
$$y = 4 - 2x \qquad (9.3)$$
然后在第一个方程 $x + y = 5$ 中我们用 $4 - 2x$ 来代替 y，得到
$$x + (4 - 2x) = 5$$
$$\Leftrightarrow \quad 4 - x = 5$$
$$\Leftrightarrow \quad x = -1$$
我们得到 $x = -1$ 后，再从式 (9.3) 解出 y：
$$y = 4 - 2 \cdot (-1)$$
$$= 6$$
最后得到答案：
$$\begin{cases} x = -1 \\ y = 6 \end{cases} \qquad \square$$

上面解方程组的方法叫作换元法．

另一种解方程组的方法叫作消元法：我们可以从两个方程中消去一个变量（当然你要有敏锐的观察力）．在上面的例子中，我们看到方程 $x + y = 5$ 与 $2x + 2y = 10$ 等价，而方程 $2x + 2y = 10$ 和 $4x + 2y = 8$ 中都有 $2y$ 这项．所以我们可以把两个方程相减（方程左边减左边，右边减右边），得到
$$2x + 2y - (4x + 2y) = 10 - 8$$
$$\Leftrightarrow \quad -2x = 2$$
$$\Leftrightarrow \quad x = -1$$
一旦得到 x 值后，我们就可用替代法把 $x = -1$ 代入原来的一个方程来解 y 的值．

还有没有别的办法？还有．在以后的学习中大家还会学到用矩阵的办法来解方程．矩阵解法更适用于大型的线性方程组（很多方程、很多变量）．

我的笔记　　日期：

习 题 9

1. 假设一辆车的速度是每小时 s 千米. 我们用 d 千米来代表它在 t 小时里所走的距离. 那么我们有距离公式:

$$d = st$$

(1) 写出时间 t 关于距离 d 和速度 s 的公式(已知距离 d 和速度 s，求时间 t).

(2) 写出速度 s 关于距离 d 和时间 t 的公式(已知距离 d 和时间 t，求速度 s).

2. (梯形面积公式)假设梯形的上底长是 a 米，下底长为 b 米，高是 h 米，那么它的面积 A(米^2)是

$$A = \frac{(a+b)h}{2}$$

(1) 写出高 h 关于面积 A、上底长 a 和下底长 b 的公式(已知面积 A、上底长 a 和下底长 b，求高 h).

(2) 写出下底长 b 关于面积 A、上底长 a 和高 h 的公式(已知面积 A、上底长 a 和高 h，求下底长 b).

3. 解方程组：

(1) $\begin{cases} 5x + y = 17, \\ 2x - y = 4; \end{cases}$

(2) $\begin{cases} 3x + 2y = 13, \\ 2x + 3y = 12; \end{cases}$

(3) $\begin{cases} \dfrac{1}{2}x + \dfrac{3}{2}y = 7, \\ \dfrac{x}{5} + \dfrac{y}{3} = 2; \end{cases}$

(4) $\begin{cases} 3x + 5y = 4, \\ 4x + y = 3. \end{cases}$

4.（**加强题**）线性丢番图方程（Diophantine equation）：$ax + by = c$. 这里只有 x，y 是变量，其他字母都是正整数参数．

(1) 假如 r 是个整数，使得 $c - ar$ 可以被 b 整除．验证 $\left(r, \dfrac{c-ar}{b}\right)$ 是 $ax + by = c$ 的一对整数解．

(2) 写出所有 $5x + 7y = 64$ 的正整数对解．

5. 如果
$$a = b, \quad c = d$$
证明：

(1) $a + c = b + d$；

(2) $ac = bd$.

第 10 章
多项式和代数运算

本章要点

- 单项式(定义 10.1)
- 多项式(定义 10.2)
- 多项式运算
- 多项式竖式运算

10.1 多项式定义

定义 10.1（单项式）

假如 n 是一个非负的整数，c 是任何数，我们称代数式

$$cx^n$$

为单项式. 这里我们习惯上称 c 为这个单项式的系数，称 n 为单项式的次数(或度).

定义 10.2（多项式）

多项式是几个单项式的和. 若我们把这个和里面的每一项按次数的大小由大到小排列起来，多项式就是下面的形式：

$$c_n x^n + c_{n-1} x^{n-1} + \cdots + c_1 x + c_0$$

> 这个多项式里单项式最大的次数就叫作多项式的次数（或度）. 所以上面的多项式是个 n 次多项式.

10.2 多项式运算

大家也许会问：为什么上面多项式里没有两项具有相同的次数？原因是我们用了分配律把同次的项加在一起了. 比如

$$3x^2 + 5x^2 = (3+5) \cdot x^2$$
$$= 8x^2$$

这也告诉了我们，我们可以对多项式做加法运算：只要两个单项式是同次的，我们就可以把它们的系数加起来得到一个项. 我们称这种运算为合并同类项.

例 10.1
$$3x^2 - x^2 + 10x^2 = (3 - 2 + 10) \cdot x^2 = 11x^2 \quad \square$$

例 10.2
$$(5x^3 - 4x^2 + 7) + (x^5 + 4x^2 - 9)$$
$$= 5x^3 - 4x^2 + 7 + x^5 + 4x^2 - 9$$
$$= x^5 + 5x^3 - 4x^2 + 4x^2 + 7 - 9$$
$$= x^5 + 5x^3 + (-4x^2 + 4x^2) + (7 - 9)$$
$$= x^5 + 5x^3 - 2 \quad \square$$

用指数运算法则，我们也可以做单项式的乘法运算：

$$cx^n \times dx^m = c \times d \times x^n \times x^m$$
$$= cdx^{m+n}$$

运用分配律、交换律及结合律，我们就可以做多项式的乘法运算了.

例 10.3
$$5x^2(2x^3 + 3x) = 5x^2 \cdot (2x^3) + 5x^2 \cdot (3x)$$
$$= 10x^5 + 15x^3 \quad \square$$

例 10.4

$$(x+1)(x+1) = (x+1) \cdot x + (x+1) \cdot 1$$
$$= x \cdot x + 1 \cdot x + x + 1$$
$$= x^2 + x + x + 1$$
$$= x^2 + 2x + 1 \qquad \square$$

也许又有人问：能不能用竖式来做多项式运算（包括除法）呢？回答是肯定的．在本章的深度阅读里你可以看到如何用竖式来做多项式运算．

✐ **练习 10.1**

计算：

(1) $(x+a)(x+a)$；

(2) $(x-a)(x-a)$；

(3) $(x-a)(x+a)$．

上面练习中的三个乘积都是很重要的乘积，分别称为完全平方和公式、完全平方差公式和平方差公式．

下面我们来求方程（8.1）的解．我们先化简方程的右边：

$$\frac{1}{3}x = 2 + \frac{1}{4}x - \frac{2}{4}$$
$$= \frac{1}{4}x + 2 - \frac{1}{2}$$
$$= \frac{1}{4}x + \frac{3}{2}$$

由方程的相加不变性，我们得

$$\frac{1}{3}x - \frac{1}{4}x = \frac{3}{2}$$

合并同类项，我们有

$$\left(\frac{1}{3} - \frac{1}{4}\right)x = \frac{3}{2}$$

也就是

$$\frac{1}{12}x = \frac{3}{2}$$

用相乘不变性，我们得到

$$x = \frac{3}{2} \times 12 = 18$$

我的笔记　　　**日期:**

_____
_____
_____
_____
_____
_____

10.3　深度阅读：以 x 为基的多项式及竖式运算

如果我们把多项式看成以 x 为基的数，那么我们也可以用竖式来运算.

例 10.5　计算：$(3x+8)(4x+2)$.

解　第一步：计算 $(3x+8) \times 2 = 6x + 16$. 注意，这里没有数的进位.

$$\begin{array}{r} 38 \\ \times 42 \\ \hline 616 \end{array}$$

（或更详细地，

$$\begin{array}{r} 3x8 \\ \times 4x2 \\ \hline 6x16 \end{array}$$

即不省略 x.）

第二步：继续来算 $(3x+8) \times (4x) = 12x^2 + 32x$. 注意位置的左移.

$$\begin{array}{r} 3\quad 8 \\ \times \quad 4\quad 2 \\ \hline 6\quad 16 \\ 12\quad 32 \end{array}$$

(或更详细地,

$$\begin{array}{r} 3x\quad 8 \\ \times \quad 4x\quad 2 \\ \hline 6x\quad 16 \\ 12x^2\quad 32x \end{array}$$

即不省略 x.)

最后,把数加起来:

$$\begin{array}{r} 3\quad 8 \\ \times \quad 4\quad 2 \\ \hline 6\quad 16 \\ +\quad 12\quad 32 \\ \hline 12\quad 38\quad 16 \end{array}$$

下面来看我们得到什么了:在常数的位置(计数的时候我们称之为个位. 这里我们显然不能再称之为个位,因为我们得到的是个两位数),我们得到 16;在 x 的位置(计数的时候我们称之为十位. 这里我们显然不能再称之为十位,因为我们这里还是得到一个两位数),我们得到 $38x$;在 x^2 的位置,我们得到 $12x^2$. 所以我们得到的运算结果是 $12x^2 + 38x + 16$.

(或更详细地,

$$\begin{array}{r} 3x\quad 8 \\ \times \quad 4x\quad 2 \\ \hline 6x\quad 16 \\ +\quad 12x^2\quad 32x \\ \hline 12x^2\quad 38x\quad 16 \end{array}$$

即不省略 x.) □

稍微变动一下,我们也能做竖式除法.

例 10.6 计算:$(x^3 + 1) \div (x + 1)$.

解 第一步:我们来试 x^2(因为 $x^2 \cdot x = x^3$,x^3

是首项）：

$$\begin{array}{r} x^2 \\ x+1{\overline{\smash{\big)}\,x^3+0x^2+0x+1}} \\ \underline{-(x^3+x^2)} \\ -x^2+0x \end{array}$$

第二步：我们取 $-x$（因为 $-x \cdot x = -x^2$，是剩下部分的首项）：

$$\begin{array}{r} x^2-x \\ x+1{\overline{\smash{\big)}\,x^3+0x^2+0x+1}} \\ \underline{-(x^3+x^2)} \\ -x^2+0x \\ \underline{-(-x^2-1x)} \\ x+1 \end{array}$$

最后，我们取 1（因为 $1 \cdot x = x$，是剩下部分的首项）：

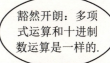

豁然开朗：多项式运算和十进制数运算是一样的.

综上，我们得到

$$(x^3+1) \div (x+1) = x^2 - x + 1 \qquad \square$$

✐ 练习 10.2

计算：
$$100001 \div 11$$

✐ 练习 10.3

计算：
$$(x^5+1) \div (x+1)$$

习题 10

1. 用竖式计算：

(1) 311×211；

(2) $(3x^2 + x + 1) \times (2x^2 + x + 1)$；

(3) $(50 - 1) \times (50 + 1)$；

(4) $(x - 1)(x + 1)$.

2. 计算：

(1) $2499 \div 49$；

(2) $(x^3 - 1) \div (x - 1)$；

(3) $(x^3 - 3x + 2) \div (x - 1)$；

(4) $(2x^4 + 3x^3 + 6x^2 + 4x + 3) \div (x^2 + x + 1)$.

3. 求 x 的值：

(1) $\dfrac{1}{x+2} = \dfrac{4}{x-3}$；

(2) $(x - 2)(x + 4) = (x - 1)(x - 2)$；

(3) $\dfrac{1 - \dfrac{x}{2}}{2} = \dfrac{x}{2} - 1$.

第 11 章
根　　式

> **本章要点**
>
> ☐ 根式(定义 11.1)　　☐ 共轭数(定义 11.4)
> ☐ 指数运算法则　　　☐ 初等数学的基本假设
> 　（规律 11.1）　　　☐ 分母有理化
> ☐ 有理数(定义 11.2)　　　（规律 11.2）
> ☐ 无理数(定义 11.3)

11.1　n 次根

我们先来玩玩这个游戏：一个数和它自己相乘得到 4，这个数是多少？

对，2 是一个解．还有别的解吗？别忘了：负数乘负数得到正数(原因：见 4.3 节公式 (4.2))．所以 -2 也是一个解．

那么，一个数和它自己相乘得到 2，这个数又是多少？我们可以列个方程来解．设这个数是 x，那么

$$x^2 = 2 \qquad (11.1)$$

假如有像 2^p 这样的数满足以上方程，那么

$$(2^p)^2 = 2$$

由第 7 章规律 7.1（同基指数运算），假如 p 是一个整数，那么
$$(2^p)^2 = 2^{2p}$$
在以后的学习里，我们约定规律 7.1 对分数也成立，那我们就应该取 $p = \dfrac{1}{2}$，并称 $2^{\frac{1}{2}}$ 是方程（11.1）的一个解.

严格来讲，我们有如下定义：

定义 11.1（根式）

假设 n 是一个大于 0 的自然数. 对一个给定的正数 a[①]，我们定义 $a^{\frac{1}{n}}$ 为一个正数，它满足
$$(a^{\frac{1}{n}})^n = a$$
我们称 $a^{\frac{1}{n}}$ 为 a 的 n 次根，有时也把它记为 $\sqrt[n]{a}$.

假设 m 是另一个自然数. 我们定义
$$a^{\frac{m}{n}} = (a^{\frac{1}{n}})^m$$
$$a^{-\frac{m}{n}} = (a^{\frac{m}{n}})^{-1} = \frac{1}{a^{\frac{m}{n}}}$$

11.2 指数运算法则

有了定义 11.1 以后，我们来叙述更一般的指数运算法则.

---

① 假如 a（习惯上称之为基）是一个负数，我们就会有麻烦，因为现在还不是解释数 $(-1)^{\frac{1}{2}}$ 是什么意思的时候. 我们后面讲复数时再回头来看.

当 n 是 2 时，很多课本用"算术"平方根这个词. 这个比较让人糊涂. 我们建议一律使用"主" n 次根. 在后面讲复数时我们会解释原因.

> **规律 11.1（指数运算法则）**
>
> 假设 a 和 b 是两个正数，r 和 s 是两个分数（当然也可能是整数），那么
> $$a^r \cdot a^s = a^{r+s}$$
> $$(a^r)^s = a^{rs}$$
> $$(ab)^r = a^r b^r$$

11.3 有理数和无理数

一个相当困难的问题是：真有一个数，它的平方是 2 吗？在以后（可能要等到上大学以后）的学习中，我们会引入一些公理来建立整个"实数"系统——这个系统里有"有理数"，还有"无理数"[①].

> **定义 11.2（分数与有理数）**
>
> 给定 a，b 是两个任意整数. 若 b 不是零，我们称数 $\dfrac{a}{b}$ 为分数. 所有能用分数表达的数叫作有理数.

> **定义 11.3（无理数）**
>
> 假如一个数不能表示成一个分数，这个数就叫作无理数.
>
> 有理数和无理数一起构成实数.

简化一个代数式就是用分配律来合并"同类项"：把同类项的系数加在一起. 把 2 个苹果同 3 个苹果合起来，或把 5 个香蕉同 4 个香蕉合起来，显然比较容易，

---

① 很多书定义有理数为整数、小数及无限循环小数. 但是无限循环的概念显然用到了无限级数的概念，所以也用到了极限的概念，我们觉得不可取.

但要识别同类项是要花一定的时间做练习的.

例 11.1 找出下列同类项：

$$-\sqrt{2},\ 2^{\frac{1}{3}},\ 2^{\frac{1}{2}},\ 6\sqrt[3]{2},\ 2\sqrt{12},\ 2^{-\frac{1}{2}},\ 5\sqrt{3}$$

解 可分成如下三组：

第一组：$2^{\frac{1}{3}}$，$6\sqrt[3]{2}$；

第二组：$2\sqrt{12}$，$5\sqrt{3}$；

第三组：$-\sqrt{2}$，$2^{\frac{1}{2}}$，$2^{-\frac{1}{2}}$.

第一组相对容易认，只是写法上有点不同.

对于第二组，我们看到

$$2\sqrt{12} = 2(12)^{\frac{1}{2}} = 2(2^2 \cdot 3)^{\frac{1}{2}}$$
$$= 2 \cdot 2 \cdot 3^{\frac{1}{2}} = 4\sqrt{3}$$

对于第三组，稍微难懂的是：为什么 $2^{-\frac{1}{2}}$ 在里面？事实上，由定义我们知道

$$2^{-\frac{1}{2}} = \frac{1}{2^{\frac{1}{2}}} = \frac{1}{\sqrt{2}}$$

这个分数里有根式. 更糟糕的是，这个根式在分母里. 我们要把分母里的根式去掉. 分母里的根号去掉的运算称作"分母有理化". 要做到这一步，我们要先了解根式的共轭数. □

定义 11.4（共轭数）

假如 $\frac{m}{n}$ 是个小于 1 的数. 对给定的正数 a，根式 $a^{\frac{m}{n}}$ 的共轭数定义为

$$a^{\frac{n-m}{n}}$$

比如，$\sqrt{2}$ 的共轭数还是 $\sqrt{2}$. 要有理化

$$\frac{1}{\sqrt{2}}$$

我们乘以

$$\frac{\sqrt{2}}{\sqrt{2}}$$

得到

$$\frac{1}{\sqrt{2}} = \frac{1}{\sqrt{2}} \cdot \frac{\sqrt{2}}{\sqrt{2}} = \frac{\sqrt{2}}{2} = \frac{1}{2}\sqrt{2}$$

所以 $2^{-\frac{1}{2}}$ 应在第三组中.

那像下面的有理根式(分子、分母有根式的分数表达式)该如何有理化呢?

$$\frac{1}{\sqrt{3}-\sqrt{2}}$$

我们在下一章继续论述.

我的笔记 　　**日期:**

11.4 深度阅读：新数及初等数学的基本假设

在学根式前,我们学习了整数、分数——这些都叫作有理数. 大家自然会问: $\sqrt{2}$ 也是一个有理数吗?

我们用反证法来证 $\sqrt{2}$ 不能是有理数,从而证明 $\sqrt{2}$ 是一个无理数.

证明 假如 $\sqrt{2}$ 是一个有理数,那么

$$\sqrt{2} = \frac{p}{q} \qquad (11.2)$$

这里 p, q 是两个自然数. 化简后(消去大于 1 的公因子), 我们可以进一步假设它们的最大公因子(记为 (p, q))是 1, 也就是 $(p, q) = 1$.

方程 (11.2) 两边平方, 得到

$$2 = \frac{p^2}{q^2} \qquad (11.3)$$

由此得 p^2 是个偶数, 所以 p 也一定是个偶数(因为奇数乘奇数还得奇数). 我们可以把 p 写成某个自然数 n 的 2 倍: $p = 2n$. 代入方程 (11.3) 并化简, 我们又得到

$$q^2 = 2n^2$$

由此得 q^2 是个偶数, 所以 q 也一定是个偶数. 我们也可以把 q 写成某个自然数 m 的 2 倍: $q = 2m$. 这就矛盾了: 因为我们一开始已经假定了 p, q 的最大公约数是 1, 但 p, q 都是偶数, 它们的最大公约数至少是 2. 我们完成了证明. □

在这章里我们讲了指数运算法则(规律 11.1)对分数指数也成立. 现在我们问, 有没有这样的数: $3^{\sqrt{2}}$? 如果有, 那下面的运算还成立吗?

$$3^{\sqrt{2}} \cdot 3^{2-\sqrt{2}} = 3^2$$

尤其是指数运算法则是否对所有实数的指数也成立.

上面两个问题的答案都是肯定的. 指数为无理数的情况会在大学微积分里介绍; 指数运算法则对所有实数的指数也成立的结论可以从下面的假设得到.

规律 11.2（初等数学基本假设）

假如一种初等代数运算对所有的有理数成立, 那么这种代数运算对所有的实数都成立.

习 题 11

1. 合并同类项:

$$\sqrt{12}, \sqrt{3}, \sqrt{18}, \frac{1}{\sqrt{3}}, \sqrt{48}, \sqrt{27}$$

2. 化简：

(1) $2^{\frac{1}{2}} \cdot 3^2 \cdot 2^{-2} \cdot \sqrt{2}$；

(2) $\dfrac{x^2 y^{\frac{1}{2}} x^{-1} y^{\frac{1}{4}}}{x^{-2} y^{-\frac{1}{4}}}$；

(3) $\sqrt{12} + \sqrt{3} - \sqrt{24}$；

(4) $\sqrt{18} + \sqrt{8} - \dfrac{1}{\sqrt{2}}$.

3. (**加强题**)用反证法证明：一个无理数乘以一个非零的有理数得到的结果是一个无理数.

第 12 章
代数运算和因式分解

本 章 要 点

- 特殊乘法公式(规律 12.1)
- 共轭数(定义 12.1)
- 因式分解
- 有理多项式

12.1 几个特殊乘法公式

在做计算时有一些技巧值得学习.

例 12.1 假如一个自然数各位上的数字之和可以被 3 整除,那么这个自然数也可以被 3 整除. □

例 12.2 假如一个自然数各位上的数字之和可以被 9 整除,那么这个自然数也可以被 9 整除. □

原因并不难理解(家长最好要懂原因):对任何非负整数 m,10^m 除以 3 或 9 所得余数都是 1. 所以一个自然数除以 3 或 9 所得的余数就是这个自然数各位上的数字之和.

还有别的技巧. 比如
$$25^2 - 24^2 = 25 + 24 = 49$$
为什么?我们从下列公式就能看出.

> **规律 12.1**（特殊乘法公式）
> (1) 完全平方和公式：
> $$(a+b)^2 = a^2 + 2ab + b^2$$
> (2) 完全平方差公式：
> $$(a-b)^2 = a^2 - 2ab + b^2$$
> (3) 平方差公式：
> $$(a-b)(a+b) = a^2 - b^2$$

想让孩子们记住，最好的办法就是鼓励他们推导一遍公式.

例 12.3 计算：
$$(a-b)^2(a+b)^2$$

解 第一种方法：

$(a-b)^2(a+b)^2$
$= (a^2 - 2ab + b^2)(a^2 + 2ab + b^2)$
　（完全平方差、平方和公式）
$= (a^2 + b^2 - 2ab)(a^2 + b^2 + 2ab)$
$= (a^2 + b^2)^2 - (2ab)^2$ 　（平方差公式）
$= a^4 + 2a^2b^2 + b^4 - 4a^2b^2$ 　（完全平方和公式）
$= a^4 - 2a^2b^2 + b^4$

第二种方法也许更快：

$(a-b)^2(a+b)^2$
$\quad = [(a-b)(a+b)]^2$
$\quad = (a^2 - b^2)^2$ 　（平方差公式）
$\quad = a^4 - 2a^2b^2 + b^4$ 　（完全平方差公式） □

12.2　分母有理化

平方差公式常常用在分母有理化的计算中.

例 12.4 分母有理化下面的分数：

$$\frac{1}{\sqrt{3}-\sqrt{2}}, \quad \frac{2}{5-\sqrt{7}}$$

解

$$\frac{1}{\sqrt{3}-\sqrt{2}} = \frac{1}{\sqrt{3}-\sqrt{2}} \cdot \frac{\sqrt{3}+\sqrt{2}}{\sqrt{3}+\sqrt{2}}$$

$$= \frac{\sqrt{3}+\sqrt{2}}{(\sqrt{3})^2 - (\sqrt{2})^2}$$

$$= \sqrt{3}+\sqrt{2}$$

$$\frac{2}{5-\sqrt{7}} = \frac{2}{5-\sqrt{7}} \cdot \frac{5+\sqrt{7}}{5+\sqrt{7}}$$

$$= \frac{10+2\sqrt{7}}{5^2 - (\sqrt{7})^2}$$

$$= \frac{10+2\sqrt{7}}{18}$$

$$= \frac{5+\sqrt{7}}{9} \qquad \square$$

从上面的例子，我们看出：有必要定义无理数 $a+\sqrt{b}$ 及 $\sqrt{a}+\sqrt{b}$ 的共轭数.

> **定义 12.1（共轭数）**
> 我们称 $a+\sqrt{b}$ 和 $a-\sqrt{b}$ 互为共轭数，$\sqrt{a}+\sqrt{b}$ 和 $\sqrt{a}-\sqrt{b}$ 互为共轭数.

12.3 乘法技巧

反过来，因子分解一个数或因式分解代数式也会帮助我们更好地懂这个数或代数式，从而可以简化计算.

例 12.5 计算：

$$25^2 - 24^2$$

解 很多人会这样算：

$$25^2 - 24^2 = 625 - 576 = 49$$

这里，我们也可以口算：
$$25^2 - 24^2 = (25 - 24)(25 + 24)$$
$$= 49 \qquad \square$$

例 12.6 对个位是 5 的一个两位数，有一个口算的技巧．比方说 35^2．我们可以验证
$$35^2 - 5^2 = (35 - 5) \times (35 + 5)$$
$$= 30 \times 40$$

所以
$$35^2 = 30 \times 40 + 5^2$$
$$= 1200 + 25 = 1225$$

一般地，对于一个大于 1 且小于 10 的数 a，我们有
$$(10a + 5)^2 - 5^2 = (10a + 5 - 5) \times (10a + 5 + 5)$$
$$= (10a) \times [10(a + 1)]$$

所以
$$(10a + 5)^2 = 10a \times 10(a + 1) + 5^2$$
$$= a \times (a + 1) \times 100 + 25 \qquad \square$$

算术技巧是由代数运算得来的．

✎ **练习 12.1**

口算：
$$15^2, \quad 25^2, \quad 55^2, \quad 85^2$$

12.4 因式分解和二次方程

因式分解能让我们一步一步解答复杂的问题．

例 12.7 解方程：
$$(x - 2)(x - 3) = 0$$

逻辑上，从
$$a \times b = 0$$

我们可得到
$$a = 0 \quad \text{或者} \quad b = 0$$

解 由于原方程得

$$x - 2 = 0 \quad 或者 \quad x - 3 = 0$$

也就是
$$x = 2 \quad 或者 \quad x = 3$$

假如我们要解如下方程：
$$x^2 - 5x + 6 = 0$$

我们来讨论：要是我们知道
$$x^2 - 5x + 6 = (x - 2)(x - 3)$$

那我们就可以把解这个二次方程①转化为解两个一次方程：
$$x - 2 = 0 \quad 或者 \quad x - 3 = 0$$

进而得到
$$x = 2 \quad 或者 \quad x = 3 \qquad \square$$

所以，要解方程
$$x^2 + ax + b = 0$$

只要能把 $x^2 + ax + b$ 因式分解成
$$(x - x_1)(x - x_2)$$

就好解了.

遗憾的是：因式分解对于刚接触的学生会比较难. 我们在下面列出因式分解的一般技巧.

(1) 找公因式并提出；

(2) 分解并找出公因式；

(3) 熟记并学会用公式.

最重要的是：学生们要多练习. 熟能生巧.

熟能生巧

例 12.8 因式分解：

(1) $x^2 - 3x$；

(2) $x^3 - 3x^2 - x + 3$.

解 (1)
$$x^2 - 3x = x(x - 3)$$

(2)
$$x^3 - 3x^2 - x + 3 = (x^3 - 3x^2) - (x - 3)$$

———————

① 我们称左边二次多项式的方程 $ax^2 + bx + c = 0$ 为二次方程. 类似地，我们可以定义一次、三次、四次方程等等.

$$= x^2(x-3) - (x-3)$$
$$= (x^2-1)(x-3)$$
$$= (x+1)(x-1)(x-3)$$

对给定的两个数 a 和 b，我们计算：
$$(x+a)(x+b) = x(x+b) + a(x+b)$$
$$= x^2 + bx + ax + ab$$
$$= x^2 + (b+a)x + ab \quad \square$$

✎ 练习 12.2

对三个从 1 到 9 的数 a，b，c，其中 $b+c=10$，你能总结出 $(10a+b)(10a+c)$ 的速算规律吗？比如口算：

$$33 \times 37, \quad 43 \times 47, \quad 54 \times 56, \quad 72 \times 78$$

反过来，我们可以因式分解：
$$x^2 + (b+a)x + ab = (x+a)(x+b)$$

我们可以用一个十字相乘的形式来表示：

对给定的二次多项式
$$x^2 + px + q$$
我们要找到 a 和 b，使得 $q=ab$ 且 $a+b=p$，那么
$$x^2 + px + q = (x+a)(x+b)$$

✎ 练习 12.3

因式分解：

(1) $x^2 + 7x + 12$；

(2) $x^2 - 7x + 12$；

(3) $2x^2 + 7x + 5$；

(4) $2x^2 - 7x + 5$；

(5) $x^3 - 3x^2 + 2$.

提示：(5) 可能要分组.

12.5　有理分式的化简

代数表达式

$$\frac{一个多项式}{另一个多项式}$$

常常称作有理多项式. 比如

$$\frac{x^3+2x^2-4}{x-3}, \quad \frac{x^3}{x^2-3x+5}$$

都是有理多项式，而且

$$x^{-3} \cdot (x^2-2x+4)$$

也是有理多项式，因为

$$x^{-3} \cdot (x^2-2x+4) = \frac{x^2-2x+4}{x^3}$$

假如有理多项式的分母是一个单项式，我们也可以用负指数把分母换到分子上，然后合并同类项.

例 12.9　化简：

$$\frac{x^2-x+5}{x^2} - 1 + x^{-1} - 4x^{-2}$$

解

$$\frac{x^2-x+5}{x^2} - 1 + x^{-1} - 4x^{-2}$$
$$= (x^2-x+5) \cdot x^{-2} - 1 + x^{-1} - 4x^{-2}$$
$$= 1 - x^{-1} + 5x^{-2} - 1 + x^{-1} - 4x^{-2}$$
$$= x^{-2} \qquad □$$

假如有理多项式的分母不是一个单项式，我们可以在因式分解完后，将分子、分母的公因式消去来化简.

例 12.10　化简：

$$\frac{x^2-2x}{2-x}$$

解

$$\frac{x^2-2x}{2-x} = \frac{x(x-2)}{-(x-2)}$$
$$= \frac{x}{-1} = -x \qquad \square$$

✎ **练习 12.4**

化简：

(1) $\dfrac{x^2-3x+5}{x^{-2}} + 3x^3 - 3x^2 - x^4$；

(2) $\dfrac{x^2-4x+3}{3-x}$.

学生们常问：为什么要化简有理多项式？下面的练习对回答这个问题可能有帮助.

✎ **练习 12.5**

当 $x = 0.1$，0.2，10，$\dfrac{1}{2}$ 时，给出下面代数式的值：

$$\frac{x^2-x+5}{x^2} - 1 + x^{-1} - 4x^{-2}$$

我的笔记　　　日期：

_____
_____
_____
_____
_____
_____

〜 习 题 12 〜

1. 计算：

(1) $(x-2)(x+3)$；

(2) $(x^2-2)(x^2+3)$；

(3) $(x-1)(x+1)(x^4+x^2+1)$；

(4) $(x+1)(x^4-x^3+x^2-x+1)$.

2. 分母有理化：

(1) $\dfrac{3}{\sqrt{6}}$；

(2) $\dfrac{1-2\sqrt{3}}{\sqrt{12}}$；

(3) $\dfrac{1}{\sqrt{x+1}+\sqrt{x-1}}$；

(4) $\dfrac{\sqrt{2}-\sqrt{3}}{\sqrt{2}+\sqrt{3}}$.

3. 因式分解：

(1) x^2+4x+3；

(2) x^4+4x^2+3；

(3) $x^3-13x+12$；

(4) x^6-13x^2+12.

4. (**加强题**)计算：

(1) $\dfrac{2}{\sqrt{3}+1}+\dfrac{2}{\sqrt{5}+\sqrt{3}}+\cdots+\dfrac{2}{\sqrt{121}+\sqrt{119}}$；

(2) $\dfrac{1}{1\times 2}+\dfrac{1}{2\times 3}+\cdots+\dfrac{1}{2019\times 2020}$.

5. (**加强题**)(1) 因式分解：
$$x^4+x^2+1$$

(2) 计算：
$$\dfrac{2}{1+1+1}+\dfrac{4}{2^4+2^2+1}+\cdots+\dfrac{2k}{k^4+k^2+1}$$
$$+\cdots+\dfrac{40}{20^4+20^2+1}$$

第 13 章
次序、距离和绝对值

本 章 要 点

☐ 不等式(规律 13.1)　　☐ 传递性(规律 13.4)
☐ 相加不变性(规律 13.1)　☐ 集合(定义 13.1)
☐ 正数相乘不变性　　　☐ 数轴
　(规律 13.2)　　　　　☐ 绝对值
☐ 负数相乘变号(规律 13.3)

13.1　不等式

自然数有个自然的性质：它们是有序的．数字 1 比 9 小，三位数 101 比任何两位数（比如 98）都大．我们引入如下不等式的记号：

$$1 < 9, \quad 101 > 98$$

一般地，我们用

$$a \geqslant b$$

来表达数 a 大于或等于数 b，用

$$a > b$$

来表达数 a 大于数 b．有时我们会强调">"为严格不等号．类似地，我们也有记号"$\leqslant$"和"$<$"．

13.2 不等式的性质

不等式遵循下面的一些规律.

> **规律 13.1**（相加不变性）
>
> 假如 $a<b$，那么对任何数 c，有
> $$a+c<b+c$$

例 13.1 因为 $2<5$，所以由规律 13.1（取 $c=-5$），我们有
$$2-5<5-5$$
也就是
$$-3<0 \qquad \square$$

> **规律 13.2**（正数相乘不变性）
>
> 假如 $a<b$，那么对任何正数 c（即 $c>0$），有
> $$ac<bc$$

例 13.2 因为 $2<5$，所以
$$2\times\frac{1}{10}<5\times\frac{1}{10}$$
也就是
$$\frac{1}{5}<\frac{1}{2}$$
这里我们用了规律 13.2$\left(\text{取 } c=\frac{1}{10}\right)$. $\qquad \square$

> **规律 13.3**（负数相乘变号）
>
> 假如 $a<b$，那么对任何负数 c（即 $c<0$），有
> $$ac>bc$$

例 13.3 因为 $1<10$，所以
$$1\times(-1)>10\times(-1)$$
也就是

$$-10 < -1$$

这里我们用了规律 13.3（取 $c = -1$）. □

同方程的等价性一样，下面不等式的传递性规律在以后的数学学习和论证时也非常有用.

规律 13.4（传递性）

若 $a > b$ 且 $b > c$，那么有
$$a > c$$

显然，在上面四个规律里我们用小于或等于号"$\leqslant$"来代替严格不等号"$<$"也会有相应的规律.

13.3 解不等式

有了这些规律后，我们就可以来解不等式了.

例 13.4 找出所有的数 x，使之满足
$$\frac{2}{3}x - 1 \leqslant \frac{1}{3}$$

解
$$\frac{2}{3}x - 1 \leqslant \frac{1}{3}$$
$$\Rightarrow \quad \frac{2}{3}x \leqslant \frac{1}{3} + 1 \quad \text{（规律 13.1）}$$
$$\Rightarrow \quad \frac{2}{3}x \leqslant \frac{4}{3} \quad \text{（化简）}$$
$$\Rightarrow \quad x \leqslant \frac{4}{3} \cdot \frac{3}{2} \quad \text{（规律 13.2）}$$
$$\Rightarrow \quad x \leqslant 2 \quad \text{（化简）} \qquad □$$

13.4 绝对值

有了数的次序关系，我们就可以引入数轴(图 13.1)的概念.

数的几何性：数对应数轴上的点.

图 13.1 数轴(有原点，有方向，还有单位长度)

在数轴上，从数 x 的位置到原点 0 的距离记作 $|x|$. 我们称 $|x|$ 为数 x 的绝对值. 有两种情形：一是 $x \geqslant 0$（在数轴上，x 在原点或其右侧），那么 $|x| = x$；另一种是 $x < 0$（在数轴上，x 在原点的左侧），那么 $|x| = -x$. 我们常写作

$$|x| = \begin{cases} x, & x \geqslant 0 \\ -x, & x < 0 \end{cases}$$

例 13.5 假如 $|x| = 1$，那我们知道，或者 $x = 1$（$x \geqslant 0$，或者在数轴上 x 在原点的右侧），或者 $x = -1$（$x < 0$，或者在数轴上 x 在原点的左侧）. □

所以，要去掉绝对值的符号，我们只要考虑两种情况，也不太麻烦.

例 13.6 解方程：

$$|x - 1| = 2$$

解 分两种情况.

(1) 假如 $x - 1 \geqslant 0$，那么

$$x - 1 = 2$$

所以 $x = 3$.

(2) 假如 $x - 1 < 0$，那么

$$-(x - 1) = 2$$

所以 $x = -1$.

综上，$x = 3$ 或 $x = -1$. □

13.5 集合

下面我们引入集合的概念. 有了集合, 我们就容易把不等式的解写出来.

定义 13.1（集合）

我们用
$$S = \{x \mid x \text{ 具有某些性质}\}$$
来表示一个集合.

比如, 所有小于或等于 2 的数可以用下面的集合来表示:
$$\{x \mid x \leqslant 2\}$$
再比如, 所有阳光小学五年级的学生可以用下面的集合来表示:
$$\{\text{学生} \mid \text{阳光小学五年级的学生}\}$$
最后, 我们来看一个有点难度的解不等式题.

例 13.7 解不等式
$$\left| \frac{x}{4} - 1 \right| \leqslant 2$$

解 (1) 假如 $\frac{x}{4} - 1 \geqslant 0$, 那么
$$0 \leqslant \frac{x}{4} - 1 \leqslant 2$$
所以
$$1 \leqslant \frac{x}{4} \leqslant 3$$
也就是
$$4 \leqslant x \leqslant 12$$

(2) 假如 $\frac{x}{4} - 1 < 0$, 那么

$$-\left(\frac{x}{4}-1\right)\leqslant 2$$

也就是
$$-2\leqslant \frac{x}{4}-1<0$$

我们得到
$$-1\leqslant \frac{x}{4}<1$$

解这个不等式，得
$$-4\leqslant x<4$$

综上，可得
$$-4\leqslant x\leqslant 12$$

用集合表示就是
$$\{x\,|-4\leqslant x\leqslant 12\} \qquad \square$$

我的笔记　　日期：

_____
_____
_____
_____
_____
_____

13.6　深度阅读：应用题——哪种水果便宜

学生们解应用题面临的最大问题可能是：不知道如何把文字转换成代数式. 并非每次都用变量 x 来代替要求的值，有时也要用常识、通识.

例 13.8 （一个数学题）某农贸市场有各种水果出售．苹果卖 2 块一斤（1 斤 = 0.5 千克），樱桃卖 4 块一斤．但每次买卖苹果顾客都要交 3 块钱手续费（用于包装），每次买卖樱桃顾客都要交 1 块钱手续费（用于包装）．顾客要买多少斤的水果，付苹果的钱同付樱桃的钱一样多？

从单价上看，苹果比樱桃便宜，但算上手续费后就不一定了．

解 一般来讲，我们会设一个未知量为变量．这里我们假设买 x 斤时，付苹果的钱和付樱桃的钱一样多．买 x 斤苹果花费

$$2x + 3$$

买 x 斤樱桃花费

$$4x + 1$$

它们相等，即

$$2x + 3 = 4x + 1$$

解这个方程，得到 $x = 1$．

综上，买 1 斤苹果和买 1 斤樱桃花一样的钱． □

现实里的问题可能是这样的：

例 13.9 （实际问题）某农贸市场有各种水果出售．苹果卖 2 块一斤，樱桃卖 4 块一斤．但每次买卖苹果顾客都要交 3 块钱手续费（用于包装），每次买卖樱桃顾客都要交 1 块钱手续费（用于包装）．那么哪种水果便宜点？

显然，买少的话，买苹果的手续费要高．更具体的怎么分析？

解 买 x 斤苹果花费

$$2x + 3$$

买 x 斤樱桃花费

$$4x + 1$$

假如买樱桃更贵，就是

$$2x + 3 < 4x + 1$$

解不等式，得到 $x > 1$．

综上，买少于 1 斤的水果，苹果贵；买多于 1 斤的水果，樱桃贵. □

习 题 13

1. 解不等式：

(1) $x+3<2$；

(2) $\dfrac{x-1}{3} \geqslant -\dfrac{1}{6}$；

(3) $\dfrac{3}{4}x-4 \geqslant 2$；

(4) $1-\dfrac{x}{3}<2$.

2. 解方程或不等式：

(1) $|x-3|=2$；

(2) $\left|\dfrac{x}{2}-1\right|=3$；

(3) $|x-3| \leqslant 2$；

(4) $\left|\dfrac{1}{2}-\dfrac{x}{4}\right| \leqslant 2$.

3. (加强题)解不等式：

(1) $\left|\dfrac{1}{2}-\dfrac{x}{4}\right|>2$；

(2) $(x-2)^2 \leqslant 9$；

(3) $(x+2)^2 \geqslant 1$.

第 14 章
二次及高次方程

本章要点
- 配方法
- 整数解
- 平方根公式

14.1 配方法及平方根公式

除了通过因式分解将解一个二次方程换成解两个一次方程外，还有另外的方法．最直接的方法就是方程两边取平方根，假如方程具有很好的形式．

例 14.1 解方程：
$$(x-2)^2 = 9$$

解 由 $9 = 3^2$，我们知道
$$x - 2 = 3 \quad \text{或} \quad x - 2 = -3$$
所以
$$x = 5 \quad \text{或} \quad x = -1 \qquad \square$$

上面的解法也可以理解为两边同时开平方根．但是，假如我们来解这个方程 $x^2 - 4x - 5 = 0$，我们就不能直接用上面的推导（两边开平方根），而是先要做转换．

$$x^2 - 4x - 5 = 0$$
$$\Leftrightarrow x^2 - 4x + 4 - 4 - 5 = 0$$
$$\Leftrightarrow (x-2)^2 - 9 = 0$$
$$\Leftrightarrow (x-2)^2 = 9$$

我们称上面的转换为配平方：把有变量 x（一项有 x^2，另一项有 x）的两项和一个常数组成一个完全平方项，把其他的常数移到另一边，然后两边取平方根来得到结果.

一般地，对一个首项系数为1的二次方程 $x^2 + bx + c = 0$，我们总可以这么做：

$$x^2 + bx + c = 0$$
$$\Leftrightarrow \underbrace{x^2 + bx + 常数}_{\text{这三项会组成一个完全平方项}} \underbrace{- 同一个常数}_{\text{保持方程不变}} + c = 0$$
$$\Leftrightarrow \underbrace{x^2 + bx + \left(\frac{b}{2}\right)^2}_{\left(\frac{b}{2}\right)^2 \text{是要找的常数}} - \left(\frac{b}{2}\right)^2 + c = 0$$
$$\Leftrightarrow \left(x + \frac{b}{2}\right)^2 - \frac{b^2}{4} + c = 0$$
$$\Leftrightarrow \left(x + \frac{b}{2}\right)^2 = \frac{b^2}{4} - c = \frac{b^2 - 4c}{4}$$
$$\Leftrightarrow x + \frac{b}{2} = \pm \frac{\sqrt{b^2 - 4c}}{2}$$
$$\Leftrightarrow x = -\frac{b}{2} \pm \frac{\sqrt{b^2 - 4c}}{2}$$

这里 $\pm$ 表示有两种情形：可以是 $+$ 号，也可以是 $-$ 号. 这样我们就得到了一个重要的公式，即二次方程的求根公式：

二次方程 $x^2 + bx + c = 0$ 的两个根是

$$x = -\frac{b}{2} \pm \frac{\sqrt{b^2 - 4c}}{2}$$

注意 特别要提醒家长和学生的是：学生要自己学会上面的推导过程，这样对平方根公式才有更好的理解.

✎ 练习 14.1

用配方法解下列方程：

(1) $x^2 - 6x + 5 = 0$；

(2) $x^2 - 6x + 7 = 0$.

✎ 练习 14.2

我们知道：对任何数 x，$x^2 \geqslant 0$. 所以函数 $y = x^2$ 的最小值是 0. 你能算出函数 $y = x^2 + 3x - 5$ 的最小值吗？你能算出函数 $y = -x^2 + 4x - 5$ 的最大值吗？

14.2 高次方程

对于一个三次方程

$$x^3 + px^2 + qx + r = 0$$

其解的一般公式比较复杂. 但是，若这个方程的系数都是整数，而且方程有整数解的话（一开始没人知道它有没有整数解，但我们可以用下面的方法来有条理地猜整数解），我们就可以解它.

首先我们注意到：假如 $x = n$ 是方程的一个整数解的话，n 一定是绝对值 $|r|$ 的一个正的或负的因子. 为什么呢？如果 $x = n$ 是一个解，那么对函数 $f(x) = x^3 + px^2 + qx + r$ 来讲，在 n 点的取值一定是 0，也就是 $f(n) = 0$. 那么

$$0 = n^3 + pn^2 + qn + r$$

由此推出

$$r = n \cdot (-n^2 - pn - q)$$

所以 $|r|$ 可以被 $|n|$ 整除.

一旦我们找到了一个解，我们就可以用长除法将三次方程转化为一个一次方程和一个二次方程来求解.

例 14.2 解方程：

$$x^3 - 3x^2 + 4 = 0$$

解 我们首先观察到 -1（1 是 4 的一个因子）是一

个解. 用长除法, 我们得到

$$x^3 - 3x^2 + 4 = (x+1)(x^2 - 4x + 4) \quad \text{(用长除法)}$$
$$= (x+1)(x-2)^2 \quad \text{(因式分解)}$$

那么原先的方程就变成了

$$(x+1)(x-2)^2 = 0$$

由此我们得到

$$x_1 = -1, \quad x_2 = x_3 = 2 \quad \text{(重根)} \qquad \square$$

练习 14.3

解方程:

$$x^3 - 2x^2 - x + 2 = 0$$

我的笔记　　　日期:

习 题 14

1. 用配方法解下列方程:

(1) $x^2 + 4x - 6 = 0$;

(2) $x^2 - 6x + 3 = 0$;

(3) $x^2 - 5x + 2 = 0$;

(4) $4x^2 - 8x + 1 = 0$.

2. 解方程:

(1) $x^2 - 5x = 6$;

(2) $2x^2 - 5x = -2$;

(3) $2x^2 + 7x - 1 = 0$;

(4) $x^3 - 2x^2 - x + 2 = 0$;

(5) $x^3 - 4x + 3 = 0$.

3. (**加强题**)韦达定理:假如 x_1 和 x_2 是方程 $x^2 + bx + c = 0$ 的两个解,那么
$$x_1 + x_2 = -b, \quad x_1 \cdot x_2 = c$$

(1) 假如 x_1 和 x_2 是方程 $x^2 + \sqrt{5}x - 3 = 0$ 的两个解,那么 $x_1 + x_2$ 是多少?

(2) 假如 x_1 和 x_2 是方程 $x^2 + \sqrt{5}x - 3 = 0$ 的两个解,那么 $\dfrac{1}{x_1} + \dfrac{1}{x_2}$ 是多少?

第 15 章 函数的几何性质

本章要点

- 斜率(定义 15.1)
- 二次方程及抛物线
- 线性方程及直线

15.1 线性方程及直线

懂一个函数最容易的办法就是看见这个函数的图像. 所谓"百闻不如一见". 从函数的图像我们不难看出这个函数是不是对称的(是不是奇函数, 是不是偶函数), 是不是单调函数, 等等(关于函数的诸多性质可以参见附录 A).

比如, 我们在一个笛卡儿坐标轴上标上足够多的点以后就会发现线性函数

$$y = kx + b$$

事实上就表示一条直线(图 15.1), 系数 k (称为直线的斜率)就表明这条直线的陡度.

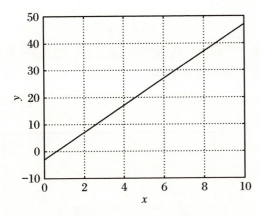

图 15.1　$y = kx + b$ 的图像

定义 15.1（斜率）

假如（x_1，y_1）和（x_2，y_2）是一条直线上的两个点，并且这两个点的第一个坐标是不同的（即 $x_1 \neq x_2$），那么这条直线的斜率定义为

$$k = \frac{y_2 - y_1}{x_2 - x_1}$$

假如一条直线上的两个不同点的第一个坐标是相同的，那这是一条竖直线，我们一般不定义它的斜率.

✎ 练习 15.1

找出直线方程 $y = ax + b$ 的斜率，以及其与 x 轴及 y 轴的交点[①].

15.2　二次方程及抛物线

二次函数
$$y = ax^2 + bx + c$$
的图像是一条抛物线（图 15.2）. 配方以后这个二次函数

---

① 与 x 轴的交点叫 x 截距（横截距），与 y 轴的交点叫 y 截距（纵截距）.

总可以写成
$$y = a(x-p)^2 + q$$
的形式. 一般地, 我们称点 (p, q) 为这条抛物线的顶点. 数 a 表示这条抛物线的开口向上（$a>0$）还是向下（$a<0$），以及开口的大小（依赖于 $|a|$ 的大小）.

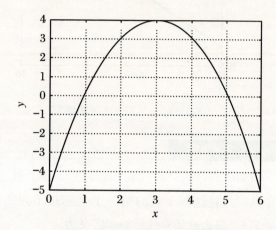

图 15.2　$y = ax^2 + bx + c$ 的图像

例 15.1　找出抛物线 $y = -2x^2 - 4x + 5$ 的顶点.

解
$$\begin{aligned}
y &= -2x^2 - 4x + 5 \\
&= -2(x^2 + 2x) + 5 \\
&= -2(x^2 + 2x + 1 - 1) + 5 \\
&= -2(x^2 + 2x + 1) + 2 + 5 \\
&= -2(x+1)^2 + 7
\end{aligned}$$

所以它的顶点是 $(-1, 7)$.　□

图像也会帮我们解二次函数的不等式.

例 15.2　解不等式:
$$-x^2 + 6x - 5 \geqslant 0$$

解　(方法 1) 从 $y = -x^2 + 6x - 5$ 的图像我们可以看到: 当 $x=1$ 或 $x=5$ 时, $y=0$, 并且当 $1 \leqslant x \leqslant 5$ 时, $y \geqslant 0$. 所以答案是 $1 \leqslant x \leqslant 5$.

(方法 2) 注意到不等式 $(x-3)^2 \leqslant 2^2$ 同不等式 $|x-3| \leqslant 2$ 是等价的. 所以不等式 $|x-3| \leqslant 2$ 的解

也就是不等式 $x^2-6x+5\leqslant 0$ 的解，从而答案也是 $1\leqslant x\leqslant 5$. □

我的笔记　　**日期：**

习 题 15

1. 由斜率的定义来计算下面直线的斜率：

(1) $y=2x-1$；

(2) $y=2x+b$；

(3) $y=mx-2$.

2. 解不等式：

(1) $x^2-5x-6\geqslant 0$；

(2) $|x-4|\leqslant 3$；

(3) $\dfrac{x-3}{x+4}\leqslant 0$；

(4) $x^3-2x^2-x+2\geqslant 0$.

3. (**加强题**)(1) 假如方程 $mx^2-2=2x+b$ 没有解，参数 m 的值是什么？

(2) 假如方程 $mx^2-2=2x+b$ 有两个不同的解，参数 b 的值是多少？

4. (**加强题**)证明：(1) 对所有的正数 x，

$$x+\dfrac{1}{x}\geqslant 2$$

(2) 对所有的负数 x，

$$x+\dfrac{1}{x}\leqslant -2$$

第 16 章
逆 函 数

> **本章要点**
>
> ☐ 一一对应（定义 16.1） ☐ 指数函数
> ☐ 逆函数 ☐ 对数及对数函数

16.1 逆函数的定义

根式函数也可以看成指数函数（指数是整数）的逆函数.

定义 16.1（一一对应函数）

假设一个函数 $y = f(x)$ 的定义域是 D，值域是 R. 我们称它是一一对应函数，若对 D 中的任意两点 x_1，x_2，$f(x_1) = f(x_2)$ 当且仅当 $x_1 = x_2$.

假如函数 $y = f(x)$ 是一一对应函数，我们就可以从函数中解出 x（假设我们知道 y 的值）. 这个新函数叫作原函数的逆函数.

例 16.1 求下列函数的逆函数：

(1) $y = 5x$；

(2) $y = 2x - 3$.

解 (1) 视 y 为参数，我们先解 x：
$$x = \frac{y}{5}$$
所以要找的逆函数就是（我们还是习惯用 x 表示变量，y 表示函数）：
$$y = \frac{x}{5}$$

(2) 视 y 为参数，我们先解 x：
$$y = 2x - 3 \Leftrightarrow 2x = y + 3$$
$$\Leftrightarrow x = \frac{y+3}{2}$$
所以要找的逆函数是
$$y = \frac{x+3}{2} \qquad \square$$

我们也可以从多项式的逆函数来引入根式函数．对给定的自然数 $p > 0$，我们定义幂函数 $y = x^{\frac{1}{p}}$．当 $x > 0$ 时，这是一个一一对应函数．它的逆函数就是我们前面讨论的根式函数 $y = x^p$，因为从指数运算法则，我们可以验证：
$$(x^{\frac{1}{p}})^p = x$$
以后我们可以用这样的运算来去根号．

例 16.2 解方程
$$\sqrt{x+4} = 3$$

解 方程的两边同时平方，得到
$$x + 4 = 9$$
所以 $x = 5$． $\qquad \square$

✐ **练习 16.1**

解方程
$$\sqrt{x+4} - \sqrt{x-1} = 1$$
提示：你可能要做两次平方．

16.2 指数函数

前面我们讲过：对一个正数 a 和一个分数 $\dfrac{m}{n}$，我们容易懂指数

$$a^{\frac{m}{n}}$$

的意思. 但是，要想弄懂对所有的数 p，

$$a^p$$

的意思就没那么简单了. 比如说 $3^{\sqrt{2}}$ 是什么意思？$e^{\pi i}$ 又是什么意思？这些在大学微积分课里会讲到. 不管怎么样，对给定的一个正数 a，我们可以对任何实数 x 来定义指数函数

$$y = a^x$$

由初等数学的基本假设，我们知道它满足指数运算法则，也是一个一一对应函数.

例 16.3 解方程

$$2^{x-2} = 16$$

解 首先注意到

$$16 = 4^2 = 2^4$$

因为方程两边的基都是 2，所以左、右两边的指数一定相等，即

$$x - 2 = 4$$

由此得到 $x = 6$. □

16.3 对数函数

有了指数函数的定义，我们就可以考虑它的逆函数.

> **定义 16.2（对数）**
>
> 对给定的两个正数 b 和 p（这里我们还要求 $b \neq 1$），我们引入一个新的数 l，它满足
> $$b^l = p$$
> 我们称这样的数为对数，并记作
> $$l = \log_b p$$

从对数的定义来看：对两个正数 a 和 y（还要求 $a \neq 1$），我们有

$$x = \log_a y \iff y = a^x$$

习惯上，我们把 y 换为变量 x，把 x 换为函数 y，就得到

$$y = \log_a x$$

它是指数函数

$$y = a^x$$

的逆函数.

例 16.4 解下列方程：

(1) $\log_2 x = 3$；

(2) $\log_x 16 = 2$.

解 （1）由定义，我们有
$$x = 2^3 = 8$$

（2）由定义，我们有
$$x^2 = 16$$

所以 $x = 4$ 或者 $x = -4$. 但对数函数只对正数有定义，我们要舍去负数的解. 所以 $x = 4$ 是唯一的解. □

我的笔记　　日期：

_____
_____
_____
_____
_____

习题 16

1. 解方程：

   (1) $\sqrt[3]{x-1} = 2$；

   (2) $(x+2)^{\frac{2}{3}} = 9$；

   (3) $2^{x^2-x} = 4$；

   (4) $\log_3(x^2-8x) = 2$.

2. (**加强题**)用规律 11.1 来证明：对给定的三个大于 1 的整数 a，b，c 以及一个有理数 r，我们有如下公式：

   (1) $\log_b(ac) = \log_b a + \log_b c$；

   (2) $\log_b a^r = r\log_b a$；

   (3) $\log_b a = \dfrac{\log_c a}{\log_c b}$.

第 17 章
复数简介

本 章 要 点

☐ 虚数单位 i（定义 17.1） ☐ 复数的模和辐角
☐ 复数（定义 17.2）

17.1 复数的定义

在本书的结尾，我们来简单介绍复数的概念.

我们回顾一下根式表达式：a^p. 我们前面对 a 是正的情况定义了这个表达式. 那如果 a 是负的话，会怎么样？比如最简单的例子：有 $(-1)^{1/2}$ 或 $\sqrt{-1}$ 这样的数吗？

定义 17.1（虚数单位 i）

虚数单位 i 定义为
$$i = \sqrt{-1}$$
它的最主要性质是
$$i^2 = -1$$

所以 i 是方程

$$x^2 = -1 \qquad (17.1)$$

的一个解.

一般的复数定义是这样的：

> **定义 17.2**（复数）
>
> 对任给的两个实数 a，b，我们定义 $a+bi$ 为一个复数，并称 a 为实部，b 为虚部.

复数的引入会使数的系统成为数学上所说的"完备"系统，尤其使得数学家可以论证**代数基本定理**：每个以复数为系数的次数为 n 的多项式方程有 n 个复数的解. 遗憾的是，这个基本定理的证明只有大学数学专业的学生才会学到，我们只能在这忽略它. 反倒是下面的问题学生们能懂：方程（17.1）的另一个解是什么？

17.2 复数的模和辐角

要回答上面的问题，我们来学习复数的另一种表示. 这里我们需要三角函数的知识.

假设 $z = a+bi$，这里 a，b 是两个实数. 那么

$$z = a+bi$$
$$= \sqrt{a^2+b^2} \cdot \left(\frac{a}{\sqrt{a^2+b^2}} + \frac{bi}{\sqrt{a^2+b^2}} \right)$$

$\sqrt{a^2+b^2}$ 称为复数 z 的模，记作 $|z|$. 我们令

$$\cos\theta = \frac{a}{\sqrt{a^2+b^2}}$$

$$\sin\theta = \frac{b}{\sqrt{a^2+b^2}}$$

这里我们限制角度 θ 在 0 到 2π 的范围里，并称 θ 为复数 z 的主辐角. 我们就可以把复数写为

$$z = |z| e^{\theta i}$$

17.3 方程的所有解

不太难验证：
$$-1 = \cos \pi + i \sin \pi = e^{\pi i}$$
所以
$$x_1 = e^{\frac{\pi}{2}} = \cos \frac{\pi}{2} + i \sin \frac{\pi i}{2} = i$$
是方程（17.1）的一个解（因为这里我们用了 -1 的主辐角，这个解也称为 -1 的主平方根）。另一个解是
$$x_2 = e^{\frac{3\pi i}{2}} = \cos \frac{3\pi}{2} + i \sin \frac{3\pi}{2} = -i$$

例 17.1 找出如下方程的所有四个解：

(1) $x^4 = 1$；

(2) $x^4 = -1$.

解 (1) 注意到
$$1 = e^{2\pi k i}, \quad k = 0, 1, 2, 3$$
所以
$$x_k = e^{\frac{2\pi k}{4} i}, \quad k = 0, 1, 2, 3$$
都满足 $x^4 = 1$. 也就是

$x_0 = e^{0i} = 1$ （1 的主 4 次方根）

$x_1 = e^{\frac{2\pi}{4} i} = i$

$x_2 = e^{\frac{4\pi}{4} i} = -1$

$x_3 = e^{\frac{6\pi}{4} i} = -i$

(2) 注意到
$$-1 = e^{2\pi k i + \pi i}, \quad k = 0, 1, 2, 3$$
所以
$$x_k = e^{\frac{2\pi k}{4} i + \frac{\pi}{4} i}, \quad k = 0, 1, 2, 3$$
都满足 $x^4 = -1$. 也就是

$x_0 = e^{\frac{\pi}{4} i} = \frac{\sqrt{2}}{2} + \frac{\sqrt{2}}{2} i$ （-1 的主 4 次方根）

$$x_1 = e^{\frac{2\pi}{4}i+\frac{\pi}{4}i} = -\frac{\sqrt{2}}{2} + \frac{\sqrt{2}}{2}i$$

$$x_2 = e^{\frac{4\pi}{4}i+\frac{\pi}{4}i} = -\frac{\sqrt{2}}{2} - \frac{\sqrt{2}}{2}i$$

$$x_3 = e^{\frac{6\pi}{4}i+\frac{\pi}{4}i} = \frac{\sqrt{2}}{2} - \frac{\sqrt{2}}{2}i$$

我的笔记　　日期：

习 题 17

1. 求下列复数的模和辐角：

(1) $-i$;

(2) $1-i$;

(3) $\dfrac{\sqrt{3}}{2} + \dfrac{1}{2}i$.

2. 解方程(求出所有的解)：

(1) $x^3 = -1$;

(2) $x^5 = 32$;

(3) $x^2 = \dfrac{1}{2} + \dfrac{\sqrt{3}}{2}i$.

附录 A
一些数学概念

这里我们罗列一些与函数有关的数学概念以备大家参考. 而一些有关长度、角度、面积等几何的概念我们会在《几何与证明入门》中论及.

A.1 函数

我们首先来看看什么是函数. 要介绍函数, 我们还要从集合说起.

A.1.1 集合及集合的表示

集合, 简称集, 是数学中的一个基本概念. 集合是指"确定的一堆东西", 集合里的"东西"则称为元素. 抽象地, 集合可以定义为: 由一个或多个确定的元素所构成的整体. 元素是数的话, 该集合就叫数的集合, 元素是线的话就叫线的集合. 我们把所有元素(也称成员)以逗号分隔, 放在一个大括号里, 或放入一个大圈里, 这样人们直观上就可以看见(图 A.1).

$\{1, 2, 3, 4, \cdots\}$

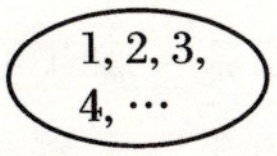

(a) 把元素放在一个大括号里　　(b) 把元素放入一个大圈里

图 A.1　集合的直观表达

在第 13 章 13.5 节里我们用下面的记号来记一个集合(比方我们记为 S):

$$S = \{x \mid x \text{ 具有某些性质}\}$$

比如集合
$$A = \{x \mid x \text{ 是整数}, 1 < x < 10\}$$
就是集合
$$\{2, 3, 4, 5, 6, 7, 8, 9\}$$

常用的集合记号有：$\mathbb{N}$ 为所有的自然数集，$\mathbb{Z}$ 为所有的整数集，$\mathbb{Q}$ 为所有的有理数集.

有了集合的定义和记号，我们可以引入集合的两种基本运算：

> **定义 A.1**（集合的运算）
>
> 假设 A 和 B 是两个给定的集合. 我们定义 A 和 B 的交集 $A \cap B$ 为
> $$A \cap B = \{x \mid x \text{ 在 } A \text{ 中，也在 } B \text{ 中}\}$$
> 我们定义 A 和 B 的并集 $A \cup B$ 为
> $$A \cup B = \{x \mid x \text{ 在 } A \text{ 中或者在 } B \text{ 中}\}$$
> 我们定义 A 为 B 的子集（记作 $A \subset B$），若任意 A 里的元素都是 B 的元素.
>
> 若 $A \subset B$，我们定义 A 在 B 中的余集 A^c 为
> $$A^c = \{x \mid x \text{ 在 } B \text{ 中，不在 } A \text{ 中}\}$$

集合的运算也可以用韦恩图（Venn diagram）来表示（图 A.2）.

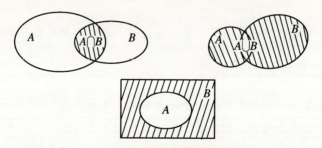

图 A.2　集合运算的韦恩图

A.1.2　函数及其表示

事实上，函数就是一种从一个集合的元素到另一个集合的元素的指定. 在数学里我们更关注数的集合，所以函数是从一个数的集合 A 到另一个数的集合 B 的一个指定：唯一的要求是每个 A 中元素最多只能指定 B 中一个数.

比如，所有自然数到它的两倍数的函数可以写成 x（在 $\mathbb{N}$ 中）$\mapsto 2x$. 我们可以用记号 $x \in \mathbb{N}$ 来代替 x 在 $\mathbb{N}$ 中. 称原来的元素为变量，常用 x 来表示；指定的数称为函数值，用 y 来表示. 那么上面的函数就可以写成：对所有的 $x \in \mathbb{N}$，

$$y = 2x$$

有关函数的定义域、值域我们就不在这叙述了. 在本书的前 15 章中, 我们主要讲述了多项式函数及根式函数. 我们下面来讲一讲三角函数. 三角函数是傅里叶级数的基本函数, 所以毫不夸张地讲, 三角函数是现代电子科技的基石.

A.2　三角函数的定义

在没有引入坐标系之前, 三角函数的定义是依赖于直角三角形的. 假设直角三角形 ABC (图 A.3) 中, $\angle C = 90°$.

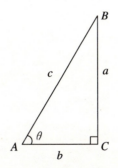

图 A.3　直角三角形 ABC

我们定义正弦函数

$$\sin \theta = \frac{a}{c}$$

余弦函数

$$\cos \theta = \frac{b}{c}$$

及正切函数

$$\tan \theta = \frac{a}{b}$$

以上定义的最大麻烦就是: 当角度 θ 大于 $90°$, 尤其大于 $180°$ 后就很难理解. 我们来用笛卡儿坐标系来定义一般的三角函数.

用坐标系, 我们可以在单位圆上来定义三角函数 (图 A.4). 假设 $P(x, y)$ 是单位圆上的一点, 它的坐标是 (x, y), 那么我们定义正弦函数、余弦函数及正切函数如下：

$$\sin \theta = y, \quad \cos \theta = x, \quad \tan \theta = \frac{y}{x}$$

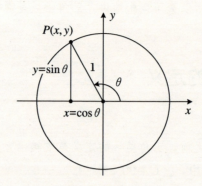

图 A.4　单位圆

附录 B
《石中剑》插曲《世界就是转圈的》

That's What Makes the World Go Round
世界就是转圈的

Left and right	左和右
Like day and night	就如昼和夜
That's what makes the world go round	世界就是转圈的
In and out	里和外
Thin and stout	赢和壮
That's what makes the world go round	世界就是转圈的
For every up there is a down	每个上就有一个下
For every square there is a round	每个方就有一个圆
For every high there is a low	有个高就有一个低
For every to there is a fro	有个来就有一个去
To and fro	来和去
Stop and go	走和停
That's what makes the world go round	世界就是转圈的
You must set your sights upon the heights	你要看得高
Don't be a mediocrity	拒做平庸人
Don't just wait and trust to fate	不枉然等待

And say, that's how it's meant to be	不低头命运
It's up to you how far you go	你的命运你掌握
If you don't try you'll never know	不去尝试怎知道
And so my lad as I've explained	少年听听老人言
Nothing ventured, nothing gained	没有苦哪来甜
You see my boy it's nature's way	自然界遍地是真理
Upon the weak the strong ones prey	强者来把弱者欺
The human life it's also true	人类也会是这样
The strong will try to conquer you	强者也要征服你
That is what you must expect	这是你要面对的
Unless you use your intellect	用智慧做你的武器
Brains and brawn, weak and strong	体力和脑力，孰强孰弱
That's what makes the world go round	呀，世界是圆的

索 引

百分数 034
不等式 079
 不等式的性质 080
 大于 079
 大于或等于 079
 解不等式 081
 小于 079
 小于或等于 079
 严格不等号 079

参数 051
长除法 021
乘法 008，009
初等数学基本假设 068
除法 019
次序 082
 绝对值 082
 数轴 082

代数式 047
单项式 056
 单项式的次数（度）056
 单项式的系数 056

同类项 057
倒数 018
等价方程 047
 相乘不变性 047
 相等的对称性 047
 相加不变性 047
 等量传递性 048
对数 099
对数函数 099
多项式 056

二次方程 074
二次函数 093
 抛物线 093
 顶点 094

方程 046
 等式 047
 方程的解 047
 解方程 047
 列方程 046
 应用题 048
方程组 052

换元法 053
消元法 053
分配律 010
分数 019，065
　分母 019
　分子 019
复数 102
　模 102
　虚数单位 101
　主辐角 102
　主次方根 103
负数 005

根式 064
共轭数 066，072
　分母有理化 066，071

函数 106
　变量 106
　定义域 096
　函数值 106
　逆函数 096
　一一对应 096
　值域 096
合数 032

集合 083，105
　集合的并 106
　集合的交 106
加法 008，009
加法进位 007
减法 017
交换律 010

结合律 010
进制
　二进制 003
　十进制 003

科学记数 034
括号 009

配方法 088
　求根公式 088
　完全平方项 088
平方差公式 071

三角函数 107
　余弦函数 107
　正切函数 107
　正弦函数 107
竖式乘法 008
竖式加法 008
素数（质数）032
算术基本定理 036

通分 025
　异分母 025
同基 043
同指数 043

完全平方差公式 071
完全平方和公式 071
韦恩图 106
位
　百位 004
　个位 004

十位 004
无理数 065

相反数 017
小数 065
形式解 051
　公式 052

因式分解 073
因子 032
因子分解 033
有理分式 076
有理数 065

运算的顺序 009

整除 032
直线 092
　截距 093
　斜率 093
指数 005，032，041，042
　次方 041
　基 041
指数函数 098
指数运算规律 043
自然数 037